四特 教育系列丛书 SITEJIAOYUXILIECONGSHU

学生人生观素质教育

萧 枫　姜忠喆◎主编

特约主编：　庄文中　龚　玲

主　　编：　萧　枫　姜忠喆

编　　委：　孟迎红　郑晶华　李　菁　王晶晶　金　燕

　　　　　　刘立伟　李大宇　赵志艳　王　冲

　　　　　　王锦华　王淑萍　朱丽娟　刘　爽

　　　　　　陈元慧　王　平　张丽红　张　锐

　　　　　　侯秋燕　齐淑华　韩俊范　冯健男

　　　　　　张顺利　吴　姗　穆洪泽

　　　　　　左玉河　李书源　李长胜　温　超

　　　　　　范淑清　任　伟　张寄忠　高亚南

　　　　　　王钱理　李　彤

"四特"
教育系列丛书

吉林出版集团有限责任公司

图书在版编目(CIP)数据

学生人生观素质教育／《"四特"教育系列丛书》
编委会编著. – – 长春：吉林出版集团有限责任公司,
2012.4
（"四特"教育系列丛书／庄文中等主编. 学生素
质教育与培养）

ISBN 978 – 7 – 5463 – 8735 – 2

Ⅰ. ①学… Ⅱ. ①四… Ⅲ. ①中小学生 – 人生观 – 思
想政治教育 Ⅳ. ①G631.2

中国版本图书馆 CIP 数据核字（2012）第 044381 号

学生人生观素质教育

责任编辑	孟迎红　张西琳
责任校对	赵　霞
开　本	690mm×960mm　1/16
字　数	250 千字
印　张	13
版　次	2012 年 4 月第 1 版
印　次	2018 年 2 月第 1 版第 2 次印刷
出　版	吉林出版集团股份有限公司
发　行	吉林音像出版社有限责任公司
	吉林北方卡通漫画有限责任公司
地　址	长春市泰来街 1825 号
	邮　编：130062
电　话	总编办：0431 – 86012906
	发行科：0431 – 86012770
印　刷	北京龙跃印务有限公司

ISBN 978 – 7 – 5463 – 8735 – 2　　　　定价：39.80元

前　言

　　学校教育是个人一生中所受教育最重要的组成部分,个人在学校里接受计划性的指导,系统地学习文化知识、社会规范、道德准则和价值观念。学校教育从某种意义上讲,决定着个人社会化的水平和性质,是个体社会化的重要基地。知识经济时代要求社会尊师重教,学校教育越来越受重视,在社会中起到举足轻重的作用。

　　"四特教育系列丛书"以"特定对象、特别对待、特殊方法、特例分析"为宗旨,立足学校教育与管理,理论结合实践,集多位教育界专家、学者以及一线校长、老师们的教育成果与经验于一体,围绕困扰学校、领导、教师、学生的教育难题,集思广益,多方借鉴,力求全面彻底解决。

　　本辑为"四特教育系列丛书"之《学生素质教育与培养》。

　　实施素质教育是我国现代化建设事业的需要。它体现了基础教育的性质、宗旨与任务。提倡素质教育,有利于遏制当前基础教育中存在着的"应试教育"和片面追求升学率的倾向,有助于把全面发展教育落到实处。从教育面向现代化、面向世界和面向未来的要求看,素质教育势在必行。这是我们基础教育时代的主题和任务。

　　学校教育的核心工作是培养全面发展的社会主义建设者和接班人,而学生则是未来的主要建设者和接班人,直接关系到整个社会的前途和命运。中小学生正处于青少年时期,其心理生理发展具有不成熟、可塑性强的特点,他们在面对错综复杂的社会时能否全面认识理性分析问题不仅是部分人的问题而是一个社会问题。当代青少年面临更多的机遇和史无前例的挑战,只有树立科学的价值观,才能全面正确地认识自己、他人和社会,才能在认识和改造世界的过程中取得成功。

　　本辑共20分册,具体内容如下:

　　1.《学生身体素质教育》

　　根据中小学生参与体育状况调查发现,学生身体素质呈现持续下降的趋势。针对学生身体素质下降的状况,必须要让体育课落到实处,且要加强开展学校课外体育活动的力度,充分调动广大学生参与课外体育活动,从而提高学生的身体素质,使学生的身心得到健康发展。同时,探寻学校学生身体素质下降的根源,从而提高他们的身体素质。

　　2.《学生心理素质教育》

　　本书的各位作者拥有多年从事心理健康教育和研究的经验,为此,我们运用心理学的基本原理,从同学们的需要出发,编写了本书,它主要包含上面提到的自我、人际、学习、生涯等几个方面的内容。希望同学们能通过本书的学习,掌握完成这些任务的战略与技巧，为你们的长远和可持续发展提供力所能及的帮助。

3.《学生观念素质教育》

不同的人对同一事物产生不同的看法，本来是很正常的事情，但如果不同学生的观念差异太大，甚至"针锋相对"，就不能不让人琢磨一下。本书就学生的观念素质教育问题进行了系统而深入的分析和探讨，并提出了解决这一问题的新思路、可供实际操作的新方案，内容翔实，个案丰富，对中小学生、教师及家长均有启发意义。本书体例科学，内容生动活泼，语言简洁明快，针对性强，具有很强的系统性、实用性、实践性和指导性。

4.《学生道德素质教育》

道德素质是人的重要内涵，它决定着人的尊严、价值和成就。良好道德素质的培养，关键在青少年时期。为培养学生形成良好的行为习惯，提高道德素质，只有建立学校、家庭、社会三结合的"立体化"教育网络，才能最有效地促进学生道德行为的养成，全面提高青少年的素质，促进青少年的健康成长。

5.《学生形象素质教育》

我们自尊我们自信，我们尊敬师长，我们自强我们自爱，我们文明健康。青春就是一次又一次的尝试。身处在这个未知的世界，点滴的前进，都是全新的体验，它点亮中学生心中的那片雪海星辰。新时代的中学生用稚嫩的双手创造一个又一个生命的篇章。让我们用学识素养打造强而有力的翅膀，让我们用青春和梦想做誓言，让我们用崭新的形象面向世界。

6.《学生智力素质教育》

教学中学生正是通过语言符号和非语言符号，学习知识、技能，在吸取人类智力成果过程中，使自己的智力得到锻炼和发展。指导学生智力发展应贯串于教学过程的始终。备课、钻研教材、上课、答疑、辅导、组织考试、批改试卷和作业都应当分析学生思维的过程，考虑发展思维的教学措施。

7.《学生美育素质教育》

美育是培养学生全面发展的教育方针的重要组成部分。美育又称审美教育或美感教育，是培养学生正确的审美观点以及感受美、鉴赏美和创造美的能力的教育。美育是实施其他各育的需要，美育是全面发展教育的重要组成部分，它渗透在全面发展教育的各个方面，对学生身心健康和谐地发展有促进作用。

8.《学生科学素质教育》

教育应面向全体国民，以提高国民素质、提高学生科学素养为目标，为学生的终身发展打下基础。本书以培养小学生科学素养为宗旨并依据新课程标准编写。学生通过本书的学习，能知道与身边常见事物有关的浅显的科学知识，了解科学探究的过程和基本方法，保持和发展对周围世界的好奇心和求知欲，逐渐养成科学的行为习惯和生活习惯，形成敢于创新的科学态度，培养爱科学、爱家乡、爱祖国的情感。

9.《学生创造素质教育》

创造才能是各种能力的集中和最有价值的表现,人类社会文明都是创造出来的,所以只有具备创造才能的人,才是最有用的人才。一切发达国家都非常重视青少年创造才能的培养。培养创造才能要从教育抓起,要从小做起。

10.《学生成功素质教育》

本书旨在让学生认识到成功素质教育的重要性。成功素质教育的目的和意义在于:激发学生对于成功的欲望和追求;让学生了解成功素养的内涵和相关解释;通过开展积极有效的成功素质教育,激发学生潜能;让学生自发主动地参与成功素质的行为,由被动转为主动。

11.《学生爱国素质教育》

祖国是哺育我们的母亲,是生命的摇篮,我们应该因为自己是一个中国人而感到骄傲。学校要坚持抓好学生的爱国主义教育,使他们从小热爱祖国。"祖国"一词对小学生来说,比较抽象,因此,他们对学生进行爱国主义教育,注意从大处着眼,小处着手,引导学生从身边具体的事做起。

12.《学生集体素质教育》

一个国家如果没有团结稳定的局面是不可能繁荣兴盛;一个集体如果没有精诚合作的精神是不可能获得发展的;一个班级如果集体观念淡薄是不可能有提高进步的;一个人如果不加强培养集体意识,他是不可能被社会所接纳的。集体意识的培养对每个学生来讲是至关重要的。学生只有在校园就开始提高自己的集体协作意识,才能在将来的工作中游刃有余,才能让自己的前途得到更好的发展。

13.《学生人道素质教育》

人道主义精神与青年成长的关系非常密切,既关系思想意识上的完善,又关系知识面的拓展。为进一步切实加强青少年的思想道德建设,建议教育部制定切合实际的教育纲要,将人道主义教育纳入中小学生课程。本书从人道主义精神的培养入手,规范未成年人的行为习惯,使他们真正成为合格的接班人。

14.《学生公德素质教育》

社会公德作为人类社会生活中最起码、最简单的行为准则,是和广大人民群众的切身利益密切相关的,是适应社会和人的需要而产生的。它对人们的社会生活具有特殊且广泛的社会作用。每个社会成员都应该自觉遵守社会公德。社会公德是衡量一个国家全民素质水准的重要标志,抓紧对青少年进行社会公德教育,既是推动社会进步的奠基工程,也是社会主义精神文明建设的一项战略任务。

15.《学生信念素质教育》

加强公民道德建设,在全社会树立中国特色社会主义的共同理想和信念,加快构建传承中华传统美德、符合社会主义精神文明要求、适应社会主义市场经济的道德和行为规范。未成年人是祖国未来的建设者,加强和改进未成年人思想道德建设尤其重要。理想信念教育是培养公民素质的本质要求,把学生培养成为热爱社会主义祖国,具有社会公德、文明行为习惯的遵纪守法的公民是我国德育工作的主要任务。在德育体系中,理想信念教育处于核心地位,是德育研究的重中之重。

16.《学生劳动素质教育》

劳动素质教育是向学生传授现代生产劳动的基础知识和基本生产技能,培养学生正确的劳动观点,养成良好的劳动习惯的教育。本书旨在培养学生正确的劳动观点和良好的劳动习惯,使学生掌握初步的生产劳动知识和技能。

17.《学生纪律素质教育》

依法治国已成为我国治国的方略。我们正在建设社会主义法治国家,纪律法制在社会生活中的作用越来越重要,因此进行纪律法制教育也就十分必要了,对青少年学生尤其如此。青少年时期正好是一个人世界观、人生观、价值观的形成时期,在此时加强纪律法制教育,有利于帮助他们掌握应有的纪律法制知识,增强纪律法制意识,提高自觉遵守纪律法制的自觉性,养成良好的遵纪守法习惯。

18.《学生民主法制素质教育》

在推进依法治国,建设社会主义法治国家的进程中,加强对青少年的法制教育,促进青少年的健康成长,我们负有不可推卸的历史责任。为此,本书对当前青少年犯罪的现状、特点、成因进行了调查,对如何进一步加强青少年法制教育和预防青少年犯罪的方法作了一些探索,具有很强的系统性、实用性、实践性和指导性。

19.《学生文明素质教育》

礼仪是一种修养,一种气质,一种文明,一种亲和力,它是人际交往的通行证。青少年是祖国的希望,是 21 世纪国家建设的主力军。培养他们理解、宽容、谦让、诚实的待人处事和庄重大方、热情友好、礼貌待人的文明行为举止,是当前基础教育和学校德育工作的重点之一。将主题宣传教育活动、文明礼仪知识普及活动、日常行为规范教育活动紧密结合起来,培养学生文明行为举止,抓实抓细,必定卓然有效。

20.《学生人生观素质教育》

当代的中学生是跨世纪建设有中国特色社会主义的主力军,他们的人生观如何,关系到他们的本质是否能够得到全面提高,关系到我国社会主义大业的兴衰。因此,学校必须加强对中学生进行人生观教育。在校学生是我国社会生活中被寄予厚望的最重要的群体,他们的人生观变化是社会变化的晴雨表。人生观不仅影响他们个人的一生,而且对国家的前途、命运产生相当大的影响。因此,学校必须加强对中学生进行人生观教育。

由于时间、经验的关系,本书在编写等方面,必定存在不足和错误之处,衷心希望各界读者、一线教师及教育界人士批评指正。

编者

目　录

3

第一章

学生人生观素质教育的理论指导

1. 学校人生观教育的重点

教育历来承担着政治、道德的教化及知识的传授这样双重的任务。这两大任务，在政治学科中，尤其是思想政治课教学中，无疑是表现得最为明显和充分的。但在目前的政治思想教育中，由于对应试目的的过分强调，其本应包含的人文精神及教化功能有意无意地被弱化甚至被剥离了，这显然不利于促进人的全面发展。

反过来，缺乏人文精神，忽视人文价值的政治课堂，显然是枯燥乏味的，这不利于学生对知识的理解和掌握。那么，如何将上述两大任务有机地统一起来，尤其是统一到目前应试色彩浓重的高中政治课教学中？我的尝试是，构筑人文化的政治课堂，在政治课课堂中贯彻人文精神，并使之与科学精神相结合。

思想政治课应是人文教育的主渠道。思想政治课有着与其他各科不同的特点，它不仅给学生提供认识事物的工具和方法，更重要的是铸造学生的灵魂。因此，政治课教学既要讲究科学性，又要注意体现人文精神，做到以人为本，认真研究学生，把学生放在教师的一切工作的中心位置上。不能只考虑完成教学任务，而把学生思想上的困惑、心理感受等放在一边，不予理睬。

在思想政治课中，尤其是哲学中的人生观、价值观的教学中，应着重发挥人文精神。

要求关心学生的思想

人文精神要求我们关心人，爱护人，作为政治课教师首要关心的应是学生的思想，关注学生内心的价值冲突。所以，价值观、人生观教育对中学生来说是非常重要的。这也是人文精神与思想政治课的最佳结合点。

讲人生观和价值观时，不用简单的说教，而是从学期一开始，就让学生思考人生价值是什么，并写出自己认为做的有价值的一件事或几件事。期中考试后，可以把作业收了上来，同学们写的五花八门，什么观点都有。

他自己也觉得自己有价值，是因为他为集体作了贡献、争得了荣誉。而在课堂上，自己学习不好还影响班集体，因而他的作为没有价值。

人生价值包括两个方面，一是个人对社会的责任和贡献，二是社会对个人的尊重和满足。一个人对社会的贡献越大，社会对他的尊重和满足就越多。

关注学生的情感

随着生活节奏的加快，生存竞争越来越激烈，人的情感资源可能会越来越枯竭（不易被感动）。人们漠视生命，冷淡人情甚至亲情，人间的苦难被数字化了，数字不大不足以引人注目；生命的苦痛被动画了，画面演绎不够血腥不足以激起人们的好奇心，有的甚至泯灭人性。中学生受上述社会负面因素影响，有情感麻木的现象，表现在有的学生对他人对社会对集体漠不关心，缺乏爱心、同情心等。通过情境教学，以情生情，以景生情，丰富并升华学生情感。

中学生的抽象思维能力正在形成过程中，主要对形象的、具体生动的东西感兴趣，看问题常常带有浓厚的感情色彩，尤其是看待社会问题。因此，在思想政治课教学中必须把理论知识的学习与学生的主观感受联系起来，关注学生的情感体验，进行情感教学。

在教学中注意以情明理，以情激趣，以情启思。设置具有一定矛盾冲突的情境，激发学生的学习兴趣，促使学生积极思维。在讲正确的价值取向一课时，讲到社会存在与社会意识的辩证关系时，可以结合时政，让学生分析日本肆意歪曲历史、篡改教科书的事实，一开始，同学们情绪很激动，反日情绪高涨，根本不能理智地思考这些问题。等学生的情绪稍稍平静之后，我让同学们自己进行中日民族精神对比，由日本对战争的态度反思民族精神，日本为什么不能像德国那样放下历史包袱，正视历史事实。

同学们课后自己查找资料，分组分析、讨论，最后找到了原因：这与十多年日本持续低迷的经济状况不无关系。法西斯主义兴起和泛滥的一个重要背景是经济危机，因为经济的萧条会引起并激化各种社会矛盾，使民族心理变得更加狭隘和极端。如果日本经济不能走出低迷状态，而中国经济持续增长，在狭隘、极端、羡慕、嫉妒相互交织的心理之下，否认和美化侵略历史的日本极右势力将日趋器张，反华的花样也会增多。他们的行径值得包括日本人民在内的全世界爱好和平的人们的高度警惕。所以，这一切都是和经济分不开的，是社会存在决定了社会意识。

接着，可以让学生分析部分高校学生反日本人的行为。通过和学生的共同讨论，激发学生的爱国热情，同时，学生们明白了凡事要以大局出发、以集体利益出发，以冷静的态度对待中日关系。

以情动人，达到知情统一。创设能使人产生强烈情感的情境，并通过教师充满感情的表达来感染、打动学生，从而达到教育学生的目的。例如，在学习集体主义价值取向这一内容时，给出了丹心不怯断头台革命先烈关露为革命献出自己的一生和爱情的事例，教育学生当个人利益与集体利益发生冲突的时候，我们应当如何抉择。很多学生听了关露的事迹后都留下了眼泪，深受感染。并表示对其的人格无比敬佩，值得学习。

关注学生的审美需要

政治课的美主要表现为情感美、情境美、思维美、思想美。多媒体通过声、像结合，使教学情境更真实、更生动、更形象，使思维过程及思想动态地形象地表现出来。例如：在讲实现人生价值的条件一节时，我播放了春节晚会《千手观音》的录像，在优美的乐曲和美丽的舞姿中，使学生体会到事物不会自动满足人的需要，人生可能会有各种挫折与坎坷，只有发挥主观能动性，才能改造世界，创造美好的生活。在改造世界的过程中，意志和充满活力的精神状态是十分重要的。

蔡元培先生说过，美者，循超逸之快感。审美活动要在轻松愉悦之中进行。心理学研究表明：当人们处于紧张状态时，反而不容易产生灵感。学生如果过度紧张，是不可能进行感悟活动的。教师只有营造一种轻松、愉快、和谐的课堂气氛，才能促使学生充分施展自己的想象力，去感悟政治课的美。要营造这样一种气氛：

首先，要提倡师生之间、生生之间在课堂上民主平等；

其次，要贴近学生的思想和情感；

第三，要给学生足够的思维与想象的空间和时间；

第四，课堂上不要给学生太大的掌握知识方面的压力，让学生对知识的掌握在潜移默化中进行。

人文精神主要通过一个人的人生观、价值观、世界观、人格特征、审美情趣等体现出来，而这恰恰是思想政治课的教育目标。

哲学教学应该渗透人文精神，重视学生的情感、情绪和意志，引导学生更好的观察世界、理解人与世界的关系，寻找到正确的生活方式，最终作为完整的人走向社会。我觉得在哲学中人生观、价值观的教学，应是整个哲学教学的重点，应该与人文精神相结合，起到塑造学生心灵的作用。

2. 提高人生观价值观教学的效果

中学的政治教育有一个重要的目的，即帮助学生树立正确的人生观和价值观。当前我们这些政治教师面临的问题是：时代正处于转型期，随着经济的多元化，利益主体的多元化，社会意识形态也相应的多元化，个人主义、拜金主义、享乐主义等各种不同的价值观滋生蔓延，主流的价值观念不断变化，青少年的思想道德状况受到各种思潮的影响，政治课上的人生观价值观教育所能起的导向作用越来越小。从我这几年的教学实践来看，我觉得学生给我的感觉是逆反心理一届比一届重，对集体主义人生观价值观的认同感越来越低．这也是当前许多政治老师共同的困惑。

作为教师，如果自己所教授的知识无法得到学生的认同，讲的再多再好也没用，那其教学工作岂不失去了意义。因此我认为，要提高政治课人生观价值观教育的效果，首先要提高学生对讲授内容的认同感。

在提出切实有效的措施前，我们必须要了解造成目前状况的原因是什么。我认为，剧烈变化的社会现实对未成年人的思想道德现状造成了极大的冲击，社会与书本的巨大反差导致他们对书本的不信任感。而我们的教材却没有针对未成年人的思想道德状况作出相应的变化，这从一开始就拉远了我们与学生的距离。

未成年人的思想道德现状

（1）信仰多元化　由于受一些外来思潮的腐蚀和社会不正之风的影响，一些青少年理想信念淡漠，有的甚至没有信仰，有的崇尚实用主义、个人主义，有的信仰宗教、有的甚至信奉"伪科学"。

（2）价值观更加突出"利益"二字　当代青年更加注重实际利益，在处理个人与社会的关系方面更注重个人的满足，在追求价值方面更多的考虑是个人价值的实现，对奉献与索取统一的要求更为实际。在利益兼顾方面调查资料显示，对于"在公与私发生矛盾时，采取什么态度？"表示要"公而忘私"的为 2．5%；表示要"先公后私"的占 30%；表示要"公私兼顾"的达到 62%。当代青年在价值观的选择上，立足自我兼顾他人，行为方式更多受到现实利益的驱使，敢于争取和维护自身利益。

（3）自我意识膨胀　这在一定程度上限制了人生理想。随着社会主义市场经济体制的确立，一方面青年的竞争意识、效率意识、创新意识、科技意识、自立意识等思想意识得到了强化，从而激发了积极性和创造性，成为推动社会发展和进步的强大动力；另一方面，对个人价值、个人利益、个人需求的片面夸大，也造成了个人主义的蔓延和人生观、价值观、道德观的偏斜。

（4）推崇正义美德　当代青少年批判地继承了某些传统文化思想，弘扬了中华民族的传统美德，同时也具有较强的社会公德意识和社会责任感。许多青年为贫困地区、贫困学生捐过款，但是，我们也看到一些青年还没有养成良好的社会公德习惯。某中学的一位音乐老师在琴房里做过这样一个实验，他将一袋垃圾放在钢琴旁边，一周中从钢琴旁经过的学生达 200 余人，却无一人"理睬"垃圾。

然后让我们分析造成这种现状的原因。客观地讲，未成年人暴露出的这些缺点和毛病，其实是时代环境给他们留下的烙印，问题在未成年人，根子在成人社会。随着对外开放的扩大，西方发达国家的一些有益文化成果和资本主义消极腐朽文化同时传入我国；传统的成才观念、教育内容忽视了未成年人的思想道德建设；一些领域和一些地方道德失范，是非、善恶、美丑界限混乱，见利忘义、损公利己、以权谋私、腐化堕落、教育腐败、学术腐败等现象屡禁不止等等。尤其是第三条，成人世界一方面向未成年人灌输道理，一方面自己的行为又缺乏说服力，所谓身教重于言传，不能不让学生觉得假的东西太多，对我们讲授的自然心存疑虑。

建立学生对人生观的信任

我们怎么重新建立学生对我们所教授的人生观价值观的信任呢？

从我个人的经验看，我觉得最重要的两点是：

（1）了解并尊重学生原有的价值观念。

（2）向学生明确理想状态和社会现实的区别。

①了解并尊重学生的价值观念　我们一直强调人生的真正价值在于对社会的贡献，但现在时代发展的客观趋势是个人追求的实现越来越受到重视和推崇. 学生从小学开始被灌输的思想就是好好学习，将来考上大学，找一份好工作. 市场经济条件下，那些依靠个人奋斗达到人生目标的人普遍受到大众的赞赏。学生也就自然而然得更看中个人利益的追求。

作为教师，对于学生的想法当然不能简单否定。我们必须认识到，我国多年来的思想教育一个很大的弊端就是过于强调公大于私，所谓"公家的事再大也是大事，自己的事再大也是小事"，因此过去经常出现因公共利益（或以所谓公共利益之名）强迫个人牺牲其利益的事。现在的学生能在一定程度上意识到这种观点的不妥之处，勇于提出自己的主见，这是非常值得鼓励的事情。

举一个自己教学中的例子：一个学生给我出了道报纸上看来的题，主人公开车经过一个偏远的公共汽车站，见有三个人在等车。一个生病的老太太，一个医生，一个是和自己心仪的女孩子。如果主人公的车只能搭一个人，那他该如何选择呢？我当时按照自己从小所受的教育作出了自认最好的选择：送老太太去医院。而学生想出的点子却是：让医生开自己的车送老太太去医院，自己陪心爱的女孩子一起等车。我当时就想，为什么我们这代人想不出这样一个看似古怪精灵却一举多得的答案呢？尽管我心里确实有过选择和自己喜欢的姑娘多呆一会的念头，但马上就被助人为乐的念头否定了。

我们这一代受了太多公而忘私，助人为乐的教育使我们思考时习惯性地忽视了自己内心真正的渴望。不管怎么说，这一代学生能够正视自己的心之所想，不再仅仅为他人而活，这种想法毕竟是难能可贵，值得鼓励的。

还有一个学生问过一个难以回答的问题：书上说集体利益和个人利益冲突时个人利益要让位于集体利益。但很多情况下，同样的损失由集体来承受也许算不了什么，但由个人一力承担恐怕就并非易事了。那集体为什么非要强迫个人作出牺牲呢？西方国家的高速公路可以因为一座不肯拆迁的民宅绕一个弯，我们为什么就不可以呢？我虽然觉得他的说法与传统冲突，但又觉得说的确实非常有道理。怎样回答这个问题，对有这类与传统不同的想法的学生，简单的否定绝对是不行的。可以把问题交给全班同学讨论，讨论非常的热烈，结论是国家保护个人的利益不受侵犯，这是国家的性质决定的。尊重学生的想法，合理的引导让他们自己得出结论才能起到教育的作用。我们只有充分了解了他们的想法，才可能与他们建立互信的关系，我们的教授他们才可能听得进去。

②让学生明确理想状态与现实的差别。我上课时经常有学生提出异议或表示对我说的不以为然。他们觉得大人往往说一套作一套，因此对书本上的道理（也是大人编出来的）不屑一顾。

对于社会上的许多不良现象，相信这些都能随着制度的完善和思想的进步而改善的。向学生表明一点：人的私心，在缺少健全的法律约束时仅仅依靠道德是难以制约其膨胀的，所以我们要建立一个法制的社会。

我们之所以要进行德育，正是意识到人性的缺陷的缘故。书本上讲的公而忘私是一种人的理想状态，我们是不可能要求人人都达到这一要求的，但是我们要追求人的高尚，人的自我完善，不能因为社会中的不良现象而放弃自我的改造。

最重要的是，教师自己不能因为社会上林林总总的不良现象，就愤世嫉俗，对社会丧失信心。如果教师连自己教授的内容都不相信，又如何让学生接受呢？

综上所述，我们在向学生讲述人生观价值观内容时，要从各个角度入手，想尽各种办法提高学生的认同感，才能达到良好的教学效果。

3. 德育教学中学生人生观的培养

素质教育注重人的根本质量的提高，要保证人的质量，不仅仅要使学生学好书本知识、社会知识、自然知识，更重要的是教育学生如何做人，做什么样的人，这对于建设有中国特色的社会主义，对于建设社会主义精神文明具有十分重要的意义。因此，德育在素质教育中占有主导地位。

处理好德育同智育的关系

正确地引导学生树立人生观、价值观，进行思想道德教育，必须处理好德育同智育的关系。学校是培养人，教育人的场所，在学校里传授文化课的同时，还要帮助学生树立正确的人生观、世界观，我们必须改变以往的片面追求升学率只重视智育、轻视德育的旧思想、旧传统。

让学生从分数的奴隶中解放出来，真正变成学习的主人，使他们认识到学习知识的目的，是为了祖国建设，是为了国家的繁荣昌盛。这就要求我们教育工作者必须对学生进行爱国主义教育，结合教学内容有意识、有目的地通过各种途径向学生进行爱祖国、爱人民、爱党、爱社会主义的思想教育。

要注意根据学生的年龄特点、心理特性开展活动。我们在要求学生遵循道德原则的同时，要注意区分学生的心理问题。不要什么问题都拉到"道德"的高度去处理。

有些学生内向、敌对，是否和他从小的经历有关？有的学生成绩不好，老算错数，老写错字，是否有认知障碍？有的同学偷同学东西，不能自控，是否有心理障碍？心理问题要遵循心理规律去解决。要通过个别谈话，疏导，暗示，训练等方法，帮助学生排除心理障碍，培养健康的心理。

如果不正确地引导极易走上犯罪的道路。所以说我们必须从基础教育抓起，培养学生辨别是非、好坏、美丑的能力，使他们自觉地抵御各种不正确思想的侵蚀。

把明理和导行结合起来

青少年正处于长身体、增知识的关键时期，由于年龄和生理条件的差异，心理发育还不健全、不稳定，意志力、自制力较差，他们的人生观、道德观很不稳定，针对这些特点，我们教师要认真研究，总结出一套教育方法。

无论搞什么活动，都要让学生明白其中的道理。如教育学生要有"孝心"，先要通过动员报告，或演讲、故事会、主题会等，让他们明白为什么要讲"孝"道，应该怎么做，让他们行动起来。事后要通过家长、社会反馈，让他们自己总结、体会。"明理"这一环很重要，不能满足于表面上的热闹。明白事理，使学生能积极投入活动；投入活动，又可以使学生更深刻地明白事理，从而提高学生的思想道德素质。通过导行、实践，学生对我们设定的目标将会领会得更深刻。

要从小事抓起，从一点一滴抓起，"千里之行，始于足下"，要从小培养学生良好的文明习惯，不急躁冒进，使良好的行为习惯在学生身上扎下牢固的根基，培养他们独立思考问题的能力，加强自身的约束能力。为培养共产主义人生观、价值观打下良好的基础。

把学生实际和课堂教学结合起来

正确地引导学生树立人生观、价值观，必须把学生实际和课堂教学紧密地结合起来。通过各科课堂教学，把思想道德教育和知识的传授有机结合起来，在教学过程中进行德育渗透。在教学过程中，我采取灵活多样的教学方法潜移默化地对学生进行德育教育；比如研究性学习，合作性学习等。

在数学教学中，有很多规律和定律如果光靠老师口头传授是起不到很大的作用的，这时候我就引导学生进行讨论、共同思考、总结。这样不但可以培养学生的思维能力、口头表达能力，还可以培养他们团结合作的精神。

拿教学方法来说，我们采取小组合作学习法，这种学习法共享一个观念：学生们一起学习，既要为别人的学习负责，又要为自己的学习负责，学生在既有利于自己又有利于他人前提下进行学习。在这种情景中，学生会意识到个人目标与小组目标之间是相互依赖的关系，只有在小组其他成员都成功的前提下，自己才能取得成功。还可以从小让他们养成严肃看待他人学习成绩的好习惯。

通过教师生动活泼的语言，或者是通俗易懂的方法，给学生讲解社会现象、国家大事，回答学生提出的普遍关心的问题，恰当地运用表情、语言的变化，把正确的思想观点传授给学生，使学生在不知不觉中受到陶冶和教育，达到潜移默化的效果。

创造真、善、美的道德氛围

引导学生树立正确的人生观、价值观、世界观，还必须给学生创造一种追求真、善、美的道德氛围。培养学生的良好素质，是学校各部门的共同职责。

思想道德素质不能仅靠德育部门去培养，科学文化素质也不能仅靠教育部门去培养。不要把德育处的工作和教导处的工作对立起来。让学生学会做人，做一个有优良的综合素质的人，是我们的共同目标。不要抱怨德育占去了学习时间，德育工作只会使学生学习

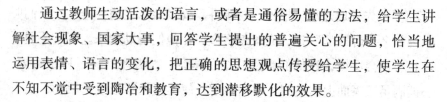

得更有成效。也不要抱怨教学部门把时间抓得紧紧的，文化课的学习毕竟是学校日常的主要工作，德育部门要主动争取学校所有部门的密切配合，才能使我们的工作取得更大成效。

利用有纪念意义的节日，如"七一"、"八一"、"十一"等进行爱国主义教育；或者是利用假日带领学生参观、游览，组织纪念英雄人物、先辈、先烈的活动；还可以组织学生看一些优秀影片，学习雷锋、焦裕禄、孔繁森、徐虎这样的先进典型。教育、激励、鼓舞学生要立正确的世界观，使他们从实际中感受到今天幸福生活的来之不易。

教师在德育中要起主导作用

加强青少年思想道德教育，是关系国家命运的大事，引导青少年树立正确的人生观、价值观、世界观的任务就历史地落到了教育工作者的身上，所以作为教师必须站在历史的高度，对学生进行思想道德建设，做到"教书育人，为人师表"进一步提高自身的思想道德素质，加强自身的学习，提高自身的素养。

著名教育家斯霞曾说过，"要使学生的品德高尚，教师首先应该是一个品德高尚的人"。各种德育活动都是由老师有目的、有步骤地提出来的，教师无疑在德育中起主导作用。可见，教师的形象在学生教育中起着很重要的作用。

所以，教师一定要增强自己的责任感和使命感，和社会、家庭紧密结合，齐抓共管，引导学生树立共产主义的人生观、价值观，使青少年能够沿着正确的方向健康成长。

4. 德育在语文教学中的作用

为了保证学生在各方面的平衡发展，全面提高学生的综合素质，必须及时有效地对中学生进行德育教育。语文学科作为基础教育阶段开设课时最多、开设时间最长的一门主课，语文教学在教育学生树立正确的世界观、人生观，树立崇高而远大的理想，培养他们积极的生活态度等方面具有得天独厚的优势。语文教学对学生的德育有积极的促进作用。

有利于培养学生正确的人生观

（1）中学语文教材所涉及的先进人物对青少年学生形成正确的人生观、价值观，无不具有启迪和借鉴作用。

文天祥"人生自古谁无死，留取丹心照汗青"的凛然正气；范仲淹"先天下之忧而忧，后天下之乐而乐"的高尚情怀；陆游"僵卧孤村不自哀，尚思为国戍轮台"的不懈追求……这类材料，在语文课本中可以说是俯拾皆是。

教学此类课文时，如能抓住这些内容，动之以情，晓之以理，学生自然会在思想上受到启迪，在情感上受到熏染，从而使人格得到升华。像李大钊、毛泽东、邓小平等领袖人物远大的志向和伟大的人格；孔子、孟子等古代先贤圣哲"言必信，行必果"、"轻利重义"的人生态度和价值取向；曹操、诸葛亮等古代政治家宽广的胸襟和强烈的建功立业愿望；陆游、范仲淹、鲁迅等深切的忧国忧民意识，这些都会对学生正确的人生态度和健康人格的形成起到良好的示范作用。

（2）中学语文教材收集了许多假恶丑典型，从反面教育学生树立正确的世界观。

《项链》中的路瓦栽夫人可悲的虚荣心和为偿还债务所显示的可贵的刚强性格；《阿Q正传》中的愚昧、麻木、落后的阿Q以逃避现实的"精神胜利法"；《变色龙》中的奥楚蔑洛夫见风使舵、阿谀奉承的卑鄙性格；《守财奴》中的葛朗台漠视亲情、爱财如命的痴狂与癖好……语文课本中的这类素材也是不胜枚举的。语文教学可以利用此类材料，通过鞭笞假恶丑，使青少年学生树立起正确的人生态度，形成健康的人格。

有利于培养学生的意志和毅力

现在的青少年学生大多是独生子女，不仅衣食无忧，而且人生道路也比较平坦，没有什么坎坷曲折。这种生活环境，从积极的方面来说，可以使青少年学生开朗、乐观、天真烂漫，但也因此使他们承受外来压力和挫折的能力较差，使他们较难适应困难的环境，害怕吃苦，在遭受挫折时容易灰心丧气，一蹶不振。这就需要对他们进行意志和毅力的教育，培养他们在逆境中求生存、求发展的能力，培养他们百折不挠、顽强坚定、奋发进取的意志品质。在这方面，语文教学堪称"近水楼台"。

（1）语文阅读教材中有关这方面的素材相当多，可以给青少年一代以巨大的精神鼓舞。像宋濂的《送东阳马生序》讲的虽是读书的道理，但却从中凸现出一个人如何在艰苦环境中奋发进取、自强不息的精神。而《一碗阳春面》表现的则是遭受沉重的精神和经济打击的母子三人，面对挫折而不悲观失望，十几年来坚持在每年的大年夜都来到北海亭面馆"头碰头"地合吃一碗阳春面，以示他们向艰难的生活进行顽强抗争的精神。这样的内容，对于培养学生正确对待贫穷和磨难的生活态度，培养他们坚强的生活意志和毅力无疑具有重要的意义。

最为典型的要算文天祥在《〈指南录〉后序》中自叙的那段经历了。文天祥在元军兵临城下之时，为解国家之危毅然挺身而出，出使元营。他虽为弱国之使，但面对强敌，仍能慷慨陈词，怒斥敌酋。他见出使难有作为，便伺机逃脱，潜往真州。逃归途中，他"变姓名，诡踪迹，草行露宿，日与北骑相出没于长淮间"，艰难危急之状无以复加，作者自叙"及于死者不知其几矣"。但即使在这种艰难困苦的情况下，他仍以顽强的毅力，为了国家和民族的生存，做到了"生命不息，奋斗不止"。这种顽强的意志品质和奋发进取的精神，对于激发青少年学生战胜困难的信心，必将起到极大的推动作用。

（2）语文教材所涉及的许多著名作家，其中有不少人，他们的生活道路就是不断战胜挫折和磨难、不懈追求的奋斗之路。司马迁受刑则潜心《史记》；蒲松龄落第却笔耕不辍；曹雪芹遭受家庭变故仍发愤著书；安徒生屡遭失业而自强不息；奥斯特洛夫斯基全身瘫痪、双目失明，仍以坚忍不拔的毅力创作了长篇小说《钢铁是怎样炼成的》……在介绍课文作者时有意识地突出这些内容，可以使学生受到启发，受到鼓舞，从而增强对挫折的心理承受能力，学会"用笑脸来迎接悲惨的命运，用百倍的勇气来应付自己的不幸"。

有利于培养协调人际关系的能力

中学阶段是人的社会性发展的一个极其重要的阶段。因此，学校教育的一项义不容辞的责任，就是正确引导学生善于处理各种人际关系，鼓励学生主动真诚地与人交往，使他们在交往中体验到集体的温暖、同学的情谊、生活的乐趣，从而获得心理的安全感和归属感。这样，学生才能消除挫折和冲突引起的郁闷、焦虑和孤独，形成积极的健康向上的个性。在这方面，语文教学与其他学科相比，可谓"技高一筹"。

无论是阅读教学、写作教学，还是说话教学和课外语文活动，都可较好地进行这方面的教育。以说话教学为例，在语文课堂教学中，多给学生提供说话的机会，鼓励他们在公众场合大胆表达自己的情感，这对于学生排除心理障碍，形成开朗的性格，以及协调人际关系，培养集体主义观念都具有促进作用。

特别是对那些性格比较内向、平时沉默寡言、不善与人交往的学生，语文教师更有义务和责任为他们多提供一些说话的机会，帮助他们营造一个良好的说话氛围，诱导他们有话大胆地说。这样就会使他们内心郁结的疑虑与烦闷越来越少，从而渐渐融入到温暖的集体中来，慢慢形成开朗、乐观的性格和能够适应环境、乐于与人交往的健康心理。让学生开口说话的方式也可以多种多样，上课发言只是最基本的形式之一。

除此之外，还可以开展一些课外语文活动，比如朗诵、演讲、讲故事、排演课本剧等。这样既给学生提供一个与集体融合的舞台，又让学生在这些活动中获得许多乐趣，从而激发起他们的生活热情。这是协调人际关系、排除心理障碍的极好方法。

总之，中学语文教材中含有大量的德育教育的素材，语文教学活动和教学过程中也存在大量的进行德育教育的机会。语文教学应当充分利用这个优势，在促进学生"发展健康个性，形成健康人格"方面发挥积极的作用。

5. 语文教学中学生人生观的培养

人生观是对人生的价值、目的、道路等观点的总和，是对人生的根本看法。它不仅决定着一个人对周围事物的态度，而且调节着人的行为、活动方向和进行方式。人们生活在复杂的社会环境中，所经历的事情瞬息万变，总会遇到许多大小各异的矛盾、挫折和冲突，给人带来烦恼与困扰。这时必须充分发挥个体的主动积极性，通过自我调节和控制，提高心理健康水平，掌握与各种致病因素作斗争的主动权。

作为一名语文教师，为学生的将来考虑，在语文教学中，除了培养学生听、说、读、写的能力外，还必须帮助学生树立正确的人生观，使学生在以后的人生道路上始终能带着积极、乐观、向上的态度。

《全日制普通高级中学语文教学大纲》（试验修订版）指出：在教学过程中，要进一步培养学生热爱祖国语言文字、热爱中华民族优秀文化的感情；培养社会主义思想道德和爱国主义精神；培养高尚的审美情趣和一定的审美能力，发展健康个性，形成健全人格。

高尚的审美情趣、健康个性、健全人格等与正确人生观是分不开的，因为，正确人生观包括了爱国主义情感、崇高的理想、正确的价值观、幸福观等。

下面就结合语文课文教学谈谈这样培养学生正确人生观？

要注意培养学生的爱国主义情感

在高中第三册语文课文中，闻一多的《死水》、艾青的《我爱这土地》、穆旦的《赞美》、舒婷的《祖国啊，我亲爱的祖国》、巴金的《灯》和鲁迅的《灯下漫笔》等诗文都充满了作者的爱国主义情感。在闻一多先生心目中，"死水"象征的是黑暗的中国现实，表达了诗人对这种现实激愤而又失望的情绪，惟有创造一个新世界，才能找到"美的所在"，表达了诗人希望国家振兴的强烈愿望。《我爱这土地》是艾青在国土沦丧、民族危亡的关头，满怀对祖国的挚爱和对侵略者的仇恨而写下的慷慨激昂的诗。穆旦的《赞美》充满了对中华民族坚韧的生存力的礼赞。舒婷的《祖国啊，我亲爱的祖国》从回溯祖国数百年来贫困、落后的历史，到以发自肺腑的语言倾吐献身祖国的热望，无不充满诗人的爱国情怀。巴金的《灯》以"灯"为象征物，通过灯给人带来希望和光明，表达对抗战必胜的信念。鲁迅的《灯下漫笔》体现了作者对中国历史的深刻剖析，对国民命运的高度概括，对未来时代的深切期盼，饱含了作者强烈的爱国情感。

在教学以上课文时，一方面结合时代背景、作者经历，介绍这些爱国作家在面对千疮百孔、衰败落后或遭受外敌入侵的祖国时，他们在拿起笔写作的同时又是怎样积极地投入到振兴祖国、抵御外侮的行动中，让学生感受他们以行动来表达自己热爱祖国、报效祖国的愿望；另一方面让学生通过诗文中那些蕴蓄着作家饱满的爱国主义情感的佳句的学习，充分体会到诗文中所蕴含的作者的爱国情感并受到熏陶，从小培养热爱祖国、报效祖国的情感。

要注意帮助学生树立崇高的理想

在第三册语文课文中，毛泽东的《沁园春·长沙》让我们感受到了那一代青年人的凌云壮志，并从诗人昂扬炽热的革命情怀中，汲取了奋发前进的信心和力量。曹植的《游侠篇》描写了少年英雄的外在美，飒爽英姿，也描写了少年英雄为国征战的内在美，实际上也是作者抒发自己的建功立业的理想。屠格涅夫的《门槛》通过俄罗斯姑娘这一决心跨越"门槛"的女革命家形象，充分显示了她为事业献身的内在的壮美。伟人之所以能成为伟人，正因为他们从小就立下了远大的理想抱负，并为之孜孜以求，直至最后成功。

在教学这些课文时，要常常穿插一些英雄故事，如"少年毛泽东的故事"、夏完淳的故事、周恩来的求学故事等配合课文的学习。"少年心事当拿云"，我以为，语文教师可以通过这些课文的教学，鼓励学生从小树立崇高远大的理想，并以此为动力，为实现自己的理想而不懈努力。

要注意培养学生正确的价值观

在第三册语文课文中，裴多菲的《我愿意是急流》歌颂了纯洁而高尚的爱情，使学生们了解了为什么有时候付出也是幸福的；屈原的《离骚》既是一篇爱国主义诗篇，又是一篇坚持理想的决心书，更是一篇对自己人生价值果断选择的表白；海伦·凯勒的《假如给我三天光明》使我们看到了一个本应让世人来同情、关怀的盲、聋、哑残疾人却同情、关怀他人，看到了她在与残疾作斗争中表现出来的坚强不屈和积极乐观的精神，使我们不得不思考活在世上的人怎样才是有价值的、怎样才是幸福的；罗素的《我为何而生》把一位当代世界思想文化名人的真实内心真诚地摆在我们面前，"对爱情的渴望""对知识的追求""对于人类的同情"体现了作者对于人生幸福、人生价值、人生意义的认识，作者博大的情怀和崇高的人格，他对人类的关爱之情，尤其令人感动。

在现实生活中，很多学生由于没有树立正确的价值观、幸福观，常常为了一些鸡毛蒜皮的小事而争斗，因为生活中的一些小挫折而寻死觅活，在父母体贴入微的关照下不感到幸福反而离家出走。

在教学这些文章时，要常常鼓励学生跟这些作家比较，向他们学习，进而鼓励学生拥有广阔的胸襟，树立正确的幸福观、价值观，舍弃"小我"，跳出个人的狭隘天地，努力向上，追求知识，追求崇高的思想境界。

总之，帮助学生树立正确人生观，就能够为大众的利益识大体、顾大局、克己奉公，不会为个人得失而斤斤计较，不会陷入"自我中心"而难以自拔；就能够为实现崇高的理想，以顽强的意志克服遇到的各种困难，不被矛盾所困扰，不向挫折屈服，不为冲突而忧虑；就能够在走上工作岗位后，热爱自己的本职工作，积极努力作出成绩，奉献自己存在的价值，与大众共享幸福之乐，报效祖国，报效人民。

就像歌曲《奉献》中所唱"只要人人都献出一点爱，世界将变成美好的人间"那样，只要每位语文教师都能以课文教学为载体，以帮助学生树立正确人生观为己任，就一定能为社会培养出具有爱国主义情感、崇高的理想和正确的价值观、幸福观等的身心健康的人才来。

6. 语文教学中开展学生的人生观教育

对学生进行人生观教育是所有教育工作者责无旁贷的历史使命，尤其是作为一个语文教师，在语文教学中始终注重对学生进行人生观教育，更是义不容辞。

在当今社会，许多学生人生观渺茫、目标缺失是不争的事实。那么，怎么样在语文教学中开展人生观教育呢？

人生观教育要融入到阅读教学中

《语文课程标准》指出："培养学生崇高的道德情操和健康的审美情趣，形成正确的人生观和积极的人生态度是语文教学的重要内容，不应该把它当作附加任务，应该重熏陶，潜移默化，把这些内容放到日常教学中去。"

语文是人文性与工具性的统一，如何体现其人文性，基点在于情感。小学语文教材选用的都是趣味性强、脍炙人口的名篇，不仅语言文字好，而且思想内容好，教育感化作用显而易见。"缀文者情动而辞发，观文者披文以入情。"

阅读是一种文字信息产生强烈共鸣的复杂的情感活动，引导学生在阅读的过程上下功夫，就能使学生在阅读的过程中引起强烈的共鸣，激起情感的鲜明爱憎。

在阅读教学中，不能光讲字词句和篇章结构，要把情感培养作为阅读教学的主要一环来抓。每节语文课，都要在课前做好充分的准备，深刻挖掘文中的内涵与情感因子。

每当站在讲台上，都要把情绪调到最佳状态，把自己对课文的每份情感、每份理解、每份感悟，用语言、眼神、表情、动作传递给学生，力求与他们的情感共鸣。如在教学《秋天的怀念》一文时，可以先用平实的语言介绍作者史铁生坎坷的人生经历，然后用平缓的语言引出他那具有伟大而毫不张扬的爱的母亲，然后，用饱满的深情范读课文。让平实、缓和的语气与史铁生坎坷不平的人生形成对比，让史铁生双腿瘫痪后暴怒无常的脾气与宽容、内敛的母爱形成对比，让整个课堂情感涌动，激流潜伏，让无私、平凡的母爱荡涤学生的心灵！这种情感的激励，让学生走进了作者的内心世界，走进了课文文本，也走进了实际生活。然后可以让学生谈谈自己的母亲，学生感慨万千，他们畅所欲言，谈母亲的关爱，谈母亲的辛勤，谈母亲的聪慧，谈母亲宽大的胸怀……语言虽朴实，却饱含深情，富有感染力。浓浓的亲情、崇尚劳动和感恩的心就在这"润物无声"的阅读中渐渐培养起来。

就这样，教学《养花》使学生懂得了劳动创造了幸福；教学《开国大典》，激活了学生热烈的爱国之情；教学《桃花心木》，学生明白了如何面对生活中的困难和挫折；《丰碑》中那尊无名的塑像，激励了一代又一代人的心灵……

人生观教育要融入到作文教学中

《新课标》指出，好文风的形成需要艰苦的努力，其中处理好作文与做人的关系是重要的一环，文章是表情达意的工具，言为心声，学会做人，树立正确的人生观是写好文章的重要前提。

目前，在学生的作文中，之所以出现无话可写、内容空洞、废话假话连篇等问题，究其原因，主要是没有正确的人生观指导。因此在作文教学中，必须结合学生的实际，对学生进行正确的人生观教育，让学生在情有所系中有感而发，引导学生在学习中对照产生的震动，在深入分析中看清主流，写出积极向上、展现时代风貌的好文章。如在指导学生《写一个熟悉的人》时，引导他们去发现人物积极向上的一面，重点观察人物品行中的亮点，弘扬生活中的真善美，唱响和谐社会的主旋律。学生摆正了作文与做人的关系，整个心态、整个文风就会积极向上，同时对学习语文文本也是一个很好的促进。

人生观教育要融入到课外阅读中

语文课的外延等于生活，生活的空间有多大，语文的面就有多宽。语文教材内容赋予文学、人生、自然、科学等方面的丰富性，但由于各方面的原因，教材内容的丰富性，还没有达到尽善尽美，还有许多尚待完善的地方，这也留给老师许多发展的空间。

在讲《赤壁之战》一课时，可以先让同学们在预习时找一找有关三国的小资料以便了解本课的历史背景。未讲之前，同学们把收集的材料拿来看，哇，真的好丰富！干脆，就让大家来讲好了。你做主持人，掌握着发展的进度和主线，让同学们自己穿插历史事件。这样，既调动了学生学习的情绪，又活跃了课堂氛围。对同一个事件，有时一个同学讲了，另一同学来补充，知识面远远超过了文本含量。

在短短的一堂课上，同学们了解了一段三国的历史。这节课，课堂上浓缩了课外阅读的量，在课外延伸了课堂的内涵。既培养了学生的语文素养，又借古喻今，学生学会了分析问题的能力。这堂课的成功，在于课堂之外的丰富阅读。

由此给予我们的启示是：在课堂教学中，应重视课堂教学内容的丰富，尽可能地满足学生对知识的渴望，增广学生的知识面，扩大阅读量，激发对问题的思考，以期达到课堂教学内容丰富多彩、趣味盎然的和谐境界。

同时，针对学生在课外阅读上的盲目性，有目的地引导学生看一些古今中外的优秀作品，使学生树立正确的是非观念，培养高尚的审美情操，养成良好的阅读习惯，引导学生把历史上进步的人生观与现代人生观进行对比。古人中有坚持正道为理想而献身的屈原，有忠贞爱国顾全大局的蔺相如，有鞠躬尽瘁死而后已的诸葛亮，有正气浩然、留取丹心照汗青的文天祥，等等。这些人是中华民族的脊梁，引导学生理解这些历史人物的内心世界，可以激发起丰富的情感和想象，并从人物的心灵美中得到陶冶，产生一种愉悦之感，自觉地以作品中的光辉形象为榜样，努力去追求崇高的人生价值。

7. 语文教学中人生观世界观的教育

语文作为一门人文科学，不仅是重要的交际工具，也是重要的文化载体，它不仅负载着让学生认识、学习和运用祖国语言文字的任务，了解扩展我国民族文化的内涵，同时还具有培养学生健全人格的审美教化功能。

事实上，古人很早就注意到了这一点，我们最熟悉的莫过于两千年前春秋战国时期的大思想家、大教育家孔子，从《论语》中我们不难看出：孔子对弟子的教育更多的是在人格方面。唐代的韩愈云："师者，所以传道、授业、解惑也。"这句话又从理论上将老师传授学业的传统功能延展为教授人生的课程，这是一个了不起的进步。

然而，当今，在应试教育的指导下，我们许多教师强调更多的是学生的知识点的掌握。学生的语文知识、语文能力我们固然要培养，但如果只注重学生语文知识、语文能力的培养，而忽视了对学生的人生观、世界观的渗透，这于我们的"教书育人"的教学目的来说恐怕是"小学而大遗"了。

在语文教学中对学生进行人生观世界观的渗透教育，它的社会价值也是不可低估的。今天的学生就是明天的社会建设者，他们是祖国的未来和希望，他们的优秀与否，特别是思想品德是否过硬将直接关系到国家未来的兴衰。因而我们每一个教育工作者必须明确国家、社会交给我们的历史使命。

往近处看，从学生的贴身利益看，在语文中情感美育教化的渗透，对于学生的作文也是极其有益的。古人云："品高文自高"。所谓"感于物"、"得于心"、"形于文"，当学生真正读懂了课文并从汲取了精华，内化为自己的情感意志之后，那他和作文必然是文思泉涌、汩汩滔滔，感染力自然也就较强。

对学生进行人生观的思想感情渗透，方法有很多，主要表现在以下几个方面：

"智"与"德"的结合

在语文教学中，坚持"智"与"德"结合的原则，让学生获得思想品德教育能更具体、形象。

各个学科的知识都在一定程度上反映了人们的思想观点，思想性成了学科知识的内在属性，它们互相融合，互相渗透，脱离了教材，谈品德，德育是空洞的说教；反之，没有德育的教学，智育也是苍白的。因此在具体的教学活动中，"智"与"德"结合是必要的。语文学科更是如此，语文教师可以通过介绍写作背景，指导朗诵，引导学生赏析，归纳总结等方式，让学生在理解课文内容，掌握一定写作技巧的同时，能更具体形象地获得思想品德教育，更深刻地体会学科知识的思想性，从而保证取得较好的教育教学效果。如学习宗璞的《紫藤萝瀑布》要能使学生在了解紫藤萝的生长历程的同时，体会到生命的不屈、向上、永恒，进而激发自己积极向上。《谁是最可爱的人》要能使学生在熟悉志愿军战士的事迹同时，感受到他们的革命英雄主义、国际主义、爱国主义，深切地理解今天的幸福生活来之不易。这样，学生在语文学习中，不单掌握一定的语文学习技能，而且在潜移默化中，逐渐确立正确的世界观、人生观。

培养学生的情感

在语文教学中，注意激发，培养学生真挚情感，使之成为积极向上的动力，也确保教学中的德育渗透取得更大效果。

在德育过程中，动之以情，即是晓之以理的继续，更是持之以恒导之以行的基础，因而使受教育者获得真挚情感，仍是教育成功的关键，是提高德育渗透效果的保证。在语文学科那些文质兼美的文学作品，即是一块块的情感天地，教师可以通过富有情感的教学，巧妙的教学手段，激发培养学生真挚情感，使学生能更深刻地感受文章蕴含的真、善、美，从而形成积极向上的动力。

因此，在语文教学的德育渗透中，应当充分利用教材的情感因素，积极对学生进行情感教育，激发培养学生爱祖国、爱自然、爱生活的真挚情感，使学生在学习中不单掌握一定的语文知识技能，而且得到思想品德熏陶，不断提高自己的道德情操。例如，学习朱自清的《背影》要使学生在充满父子亲情的篇章里，体会人间真情，激发爱亲人、爱生活的情感，学习法国小说家都德的《最后一课》，要使学生理解遭受侵略的人们所表现出现的爱国主义情感的同时，激发他们热爱祖国、热爱祖国语言文字的情感，进一步激起少年学生、积极向上、刻苦学习，报效祖国的情思。

总之，激发学生心底的真挚情感，才会使学生逐渐脱离低级趣味，而产生高尚的情感，形成高尚的道德情操，自觉追求真、善、美，树立远大的目标，并为之而奋斗。

重视教材中的德育因素

教材中德育的内容，不可能像学科知识那样处处明显，它往往是内在的、深层的、个别是隐蔽的，思想教育是渗透在学科知识的方方面面，与学科知识融而为一，这就要求我们在教学中进行德育渗透，不能仅停留在那些表面的内容上，而应当是深入挖掘教材内在的德育因素，语文学科的德育，材料虽然丰富，同样需要我们多方面深入挖掘，以提高德育渗透的成效。

如学习朱自清的《春》，可以激发学生发挥联想与想象，头脑中依次呈现有声有色、有动有静的五幅图景，不仅可以加深对课文的理解和记忆，更能使学生受到美的陶冶，觉得生活如此美好，充满希望，自然而然地便会激起热爱生活的感情，激起人们对生命、人生的思考。

再如学习《皇帝的新装》，从皇帝、大臣们表演的一出丑剧中，可以自然地懂得皇帝以及整个宫廷的奢侈、荒唐、愚昧、自欺欺人的本质，以及孩子敢于说真话的纯真品质，学生就会明辨是非，摒弃前者而学习后者。总而言之，只有深挖，才能加强德育渗透的力度，使青少年不断增强自身素质，提高自身的道德情操。

把德育渗透到语文活动中

开展形式多样的语文活动，是对语文课堂教学的有力补充，是学生增强素质另一途径。教师可以利用课堂或课余时间组织学生开展各种语文活动如诗歌朗诵比赛，成语故事比赛，收集剪报，做手抄报，开讨论会、演讲等。这些活动丰富学生的语文知识、技能，提高学生的素质，这使学生在潜移默化中得到思想熏陶，激发他们积极向上的情感。

例如语文活动的比赛，即能激发培养学生的竞争意识，也能让学生感受到集体协作的重要性。古典诗歌朗诵、讲成语故事，让学生们能掌握朗诵、演讲的技巧，又让学生能感受到祖国语言文字的精炼形象，祖国灿烂文化的源远流长，从而激发他们的爱国情感。

利用课外辅导进行德育渗透

课外辅导如开展提优补差，批改作业，指导练笔等，这是对课堂教学的补充、深化、巩固，当然也是语文教学进行德育渗透的另一途径。

大家知道，课堂教学是在规定时间内完成的一种教学活动，对知识分析、理解及德育渗透难免要受时间、空间的限制，影响教育教学效果的提高，而课外辅导，相对限制少，它使教师更容易因材施教，针对学生的性格特点、知识现状进行少数或个别的辅导，这样教育教学更有针对性、更具体、形象。不仅提高教育教学的效率，连效果也得到增强，如日记、作文，教师可以通过评语，指导学生，鼓励学生树立信心，确定正确的世界观、人生观，不断增强自身的道德情操。并将它化作学习进步的动力。

总而言之，人生观、世界观渗透的形式、途径多种多样：可以补充背景材料，既能增加课外知识，又有助于学生对作家、作品思想的理解；可以针对学生思想的实际状况，抓住敏感问题，在课上展开讨论，引导学生树立正确的人主观；还可以发动学生写生活札记，自由地谈体会，议人生，这样既避免了学生情绪的压抑，也可以及时地对学生的思想进行点拨，有助于学生形成正确的人生观、世界观。

作为一名语文教师，应当立足于语文学科教学，积极探索，积极参加教改，充分发挥语文学科的优势，挖掘语文教材的德育因素，在教学中认真、积极地进行德育渗透，使之成为青少年学生学习、生活的动力，将更多的学生培养成品学兼优的，具有健康人格的社会小公民。把教书和育人作为一个整体来看待，以育人为宗旨，服务于社会，着眼于未来，才真正无愧于"人类灵魂的工程师"的崇高称誉。

当然学生良好品德的形成，一方面要靠循循善诱、积极引导；另一方面，还要靠教师人格力量的影响和感染。有一个著名的教育家曾经说过："教师是孩子们心目中最完善的偶像。"为人师表就要以身作则，要言而有信、行而有准，要自始至终保持形象的一致性，对与错、美与丑、善与恶，教师要态度明朗。

现代合格的教师，不仅应该是学生的良师，还应该是学生的益友，要随时了解学生的思想、生活、学习情况，及时帮助他们、关心他们、爱护他们，建立起一个亲密、融洽的师生关系。

只有以博厚的知识和丰厚的教养武装好自己，让爱充满心情，尽情地燃烧自己，才能为人楷模，塑造学生的灵魂。学生在接受教育的同时，受教师人格力量的感染和形象的吸引，自觉地效仿、实践，从而形成良好的、一贯的思想品德。

总之，在语文教学中运用情感感染，人格熏陶，行为示范等一切手段，有目的的对学生的人生观世界观进行渗透，培养学生高尚道德情操。"山不却微尘则成其高，海不择细流乃就其深"，在语文教育中对学生进行点点滴滴的人生观众、世界观的渗透教育；"随风潜入夜，润物细无声"，对学生进行潜移默化地教育，努力去陶冶学生的情操，净化学生的心灵，这正是作为一个教育工作者对学生，乃至于对国家、对社会真正负责任的表现。

8. 语文教学中对庄子人生观的理解

他以人的完整生命为起点来思考人应当度过一个怎样的生活旅程。他超越了任何知识体系和意识形态的限制，站在天道的环中和人生边上来反思人生。因此，他的思考具有终极意义。那些从某种意识形态立场出发的批评家们必然缺乏与他对话的基础，更没有无端攻击他的权利。

人活着，这是第一个无可怀疑的存在论意义上的基本事实，没有比它更优先的。

人活着，是为了追求一个更幸福的生活，更欢乐的人生，这是最高目的，没有比它更重要了。

以这样一个事实为起点，以这样一个目的为旨归，庄子问："人，尤其是被抛在滔滔乱世中、作为个体的人，究竟应该怎样生活？"

哲学家只是用不同的方式解释世界，而问题在于创造生命。

上一章讲天道观，天道作为"大宗师"，是人生追求的最高境界，也是全部思想的纲领。以下几章皆由此延展开拓出去，反过来又深化了这一主旨。

人间之苦皆由"世与道交相丧"而起，但抨击人间苦难只是初步，重要的是如何创造幸福。蝴蝶梦是庄子人生理想的形象化描述，而通乎生死、本动于心是走向逍遥之路的关键。"用无用"是一种处世态度，以无用之用、木材之材入"人间世"，既不逃世，也不急流勇进，而为逍遥游作铺垫。然后，由安而顺，由顺而游，层层深入，最后达到逍遥大通之境。

"生亦何欢，死亦何忧？怜我世人，忧患实多！"这是一片多灾多难的土地，生息着一群忧患深重的生灵。也许他们有过无忧无虑的黄金时代，有过繁庶富裕的白银时代，也有过英勇尚武的青铜时代，但终于无可避免地进入了黑铁时代。这是古希腊神话中的历史观。（《神谱》）而从太平世、升平世沦落为据乱世，是中国古人的历史观。令人惊讶的是，古希腊和中国几乎是在同时步入了第三个时代（据乱世），或者说，他们同时产生了深刻的历史感和历史的悲怆感，而这个时代又是文明史上第一个光辉灿烂的顶峰。

但文明的演进从来没有消除世间的苦难和人心的焦虑。一部人类史可以说是追求幸福的历史，也可以说是力求摆脱痛苦的历史。

二十世纪，经历过两次人类集体大屠杀之后，人们终于想起放下屠刀，洗干血迹了。重刑酷杀废止了，暴力革命减少了，但局部战争依然频繁。社会变成了一座中央监控式全景监狱，在"权力与知识"巨网的保障下，以缜密温柔型权力技术来控制和驯服心灵。换言之，现代社会较以往社会有着更完善的机制，但现代生活的焦虑显然比过去多得多。

尽管现代人表面上更倾向于自由选择，但实际上却受到更多的约束，尤其是那些不在当场、甚至匿名的社会产物以潜在方式所施加的约束。结果所谓自由选择只不过是变被迫控制为暗中支配，受各种似是而非的意识形态的支配，受官僚程序的支配，受各种社会化了的本来没有意义的欲望的支配……

现代社会的心理疾病较之以往既繁多又复杂。人类存在的最大悖论就是他不得不端起他亲手酿造的苦酒，不管是有意还是无意中制造出来的。这杯苦酒是他割舍不下的生活。一个人的生命也许是这样度过的：他们出生，他们受苦，他们死亡。苦难是人面临的巨大挑战，人们试图以各种方式去回应它。人间有多少种苦难，就有多少种关于苦难的思考：是追求永恒还是及时行乐？是逍遥无为还是积极进取？是看破红尘还是挺身而入？是规规矩矩还是浑浑噩噩？

古往今来的芸芸众生以实际的生活为这些思考做出现实的例证。但是自古"悲苦之词易写，欢愉之词难工"，悲苦的人生体验要远远胜过对欢愉的感受。二十世纪的人类也许没有什么太大的悲痛，没有什么太深刻的悲剧，也许更多的是焦虑和无聊，沉闷加麻木。也许人类最终会走向大同，但这对于我们不是活着的根据。我们要问的是现在：天下有至乐有无哉？（《至乐》）

庄子说"有"，但首先要认清人生的苦难和苦难的根源。既然苦酒是自己酿成的，还是要先尝一口。

这是个乱世。"养形必先之以物，物有余而形不养者有之矣。有生必先无离形，形不离而生之者有之矣。生之来不能却，其去不能过，悲夫！世之人以为养形足以存生，而养形果不足以存生，则奚足为哉？虽不足为而不可不为者，其为不免矣。"（《达生》）比如三国时的嵇康曾作《养生论》，认为"修德以保身，安心以全身"。但却因"非汤武而薄周孔"、"越名教（礼教）而任自然"，在权力倾轧中为当权者所杀。后人说他"养生而不知养身"，（牛僧孺《养生论》，《全唐文》卷六八三）杜甫诗曰："君不见嵇康养生遭杀戮。"嵇康的故事虽然后于庄子的时代，但亦足以作为诠释的例证：乱世中养生、养身太难了！

乱世中有各种各样的人，如想趁火打劫者，想拯救天下者，还有想养生全形的人。想拯救天下的人，不外乎以伦理教化治世和以暴易乱两条途径。前者抵不过浑水摸鱼、暗渡陈仓的人，后者为瞒天过海和借刀杀人者提供了借口。"田成子一旦杀齐君而盗其国，所盗者岂独其国耶？并与圣知之法而盗之。故田成子有盗贼之名而身处尧舜之安，小国不敢非，大国不敢诛，十二世有齐国。则是不乃窃齐国，并与其圣知之法以守其盗贼之身乎？"（《胠箧》）

窃钩者诛，窃国者为诸侯。昏上乱相，或荒淫，或暴虐，或逐鹿中原争城夺地，或杀人盈野抢夺财货，于是社会大舞台上频繁上演着无数悲剧、闹剧、惨剧。

在这样一种背景下，或者说，在这样一种生活中，个人恐怕不但无力回天，而且不知不觉变成了悲剧中的牺牲者，闹剧中插科打诨的小丑。

社会的价值规范也分化崩解为各种对立、相斥，甚至不可通约的碎片，任何一种行为都能找到相应的"理由"，任何批评也不具备绝对的效力。个人成了荒原上的流浪者，"人生本过是一个行走的影子，一个在舞台上指手划脚的拙劣的伶人，登场片刻，就在无声无息中悄然退下，它是一个愚人所讲的故事，充满了喧哗和骚动，找不到一点意义。"

但是，即使人生事实上是这个样子，它也不应该是这个样子。

试问，人生的苦难究竟是因为本性被压抑而不得抒发，还是因为本性被名利欲望所遮蔽而丧失呢？庄子说，兼而有之。

当本性在压抑中变成了机巧伪诈，本心也就被蒙上了一层网罩，欲望人生代替了自然生活；当本性被重重浓雾所笼罩，本心便在被动压制和主动压抑的双重作用下丧失了"天真"。

因此，一个人是否幸福，并不取决于他所处的社会是否完美。一个良好的社会至多是个人幸福的必要条件；一个不良的社会不能成为个人不幸的充足借口。幸福首先取决于澄明的本心和良好的生活意识。这样的人即使在乱世也能独善其身。否则，随言本心的被遮蔽，痛苦也就无可避免了。

庄子说，百年大木，被割开做成"牺尊"，加以青黄之色的文饰，而不用的部分被弃于沟中，牺尊与弃木相比，美丑虽有差别，但从丧失本性来说是一样的。夏桀、盗跖与曾参、史鱼相比，行为的好坏是有差别的，然而从丧失本性来说都是一样的。（《天地》）

但这并不是说，善恶本身没有差别，而是说，相对于天道和天人合一的本性来说，这种对立是没有意义的，甚至在"失性"上是一致的。有人认为道家鼓吹无恶不作与居仁行义一样自然，一样合理，其实是莫大的误解。

庄子接着说，丧失本性的表现有五种：一是五色乱目，使目不明；二是五声乱耳，使耳不聪；三是五臭熏鼻，激扰嗅觉；四是五味浊口，败坏味觉；五是好恶迷乱人心，使性情浮动。这五者，都是生命的祸害。（《天地》）

那么，是不是五味浊口人就不该吃饭？五色乱目人就该做睁眼睛？五声乱耳就该掩耳盗铃？当然不是。五色未必乱目，但若失去本性，被五色所炫惑，那么当然心神摇荡，追逐美色去了。好恶未必乱心，但有好恶就必然有某种立场和先人之见，如果固执地坚守这种立场和由此而来的善恶正邪分别，那么要是它们不合天道的话，则必然带来恶果。宋明儒士以理杀人便是例证之一。

所以庄子批评主张纵欲的杨朱和主张禁欲的墨子，认为他们只是在欲望数量的增减上做文章，却没有考虑到二者都是不合人性的，没有考虑到还有实质上的变化，即不追逐欲望而又不扼杀欲望的"无无"境界。换言之，假如有了良好的生活意识和合乎天道的本心，欲望是不可能困扰人生的。因此，所谓"人一半是天使，一半是野兽"的名言，其实是把人分裂为对立的两个方面，永远解决不了人生问题。庄子讽刺道，那些人好恶声色充塞心中。冠冕服饰拘束着身体，栅栏塞住了内心，绳索捆住了身体，眼看着在绳捆索缚中还自鸣得意。要是真有所得话，那么被反手缚绑的罪人、囚在兽栏中的虎豹，岂不是也可算作自得了？"（《天地》）

虎豹囚在笼中，一开始还愤怒咆哮，在绝望中挣扎，但不久就习惯了笼中的生活，习惯了定时送来的丰厚食物，再也没有饥肠辘辘的痛苦了，再也没有担惊受怕的自然生活了。"生龙活虎"不再"困兽犹斗"，而是成为"识时务的俊杰"。

如果说，有人还能做到抵御物欲和钱财的诱惑，那么"不汲汲于荣名"（骆宾王：《上吏部裴侍郎书》）就更难了：孔子不是还说"君子疾没世而名不称焉"吗？正如唐代诗人元镇曾经自嘲的："三十年来世上行，也曾狂走赴浮名。"

在《人间世》中，庄子假托孔子教导颜回的话，说："从前夏桀杀关龙逢，纣杀王子比干，都是因为后者修身蓄德，以臣子的地位爱抚君王的民众，所以他们在下的地位和美好的名声违逆了在上的君王，引发了猜忌之心。所以君王因为他们的修身蓄德而陷害他们，这就是好名的结果。"

如果说，有人还能视名利如浮云的话，那么，无心于智力争斗更是难上加难。庄子对以智相斗的人做了精彩的描述：大智广博，小智精细；大言盛气凌人，小言喋喋不休；他们睡觉的时候精神交错，醒来的时候形体不宁。在与外物接触的时候纠缠不清，整天勾心斗角。时而张狂，时而作态，好像音乐从虚器中发出来，又像菌类由气蒸发而成一样，无生亦无根，如幻声幻形，日夜在心中交侵不已，但那些人又不知道它们为什么会发生……（《齐物论》）

那些人之所以不知道原因，不是因为他们缺乏智力和知识，而是他们太看重它们，或者想借之以攫取名利，享受人生，或者想借之以拒斥名利，清高自许。这些人不以智养内，反以智逐外物，获取知识，当然不可能自反于己，获得天地真心。

所以庄子说："吾生也有涯，而知也无涯，以有涯随无涯，殆已！已而为知者，殆而已矣！"（《养生主》）意思是说，既然这样还要去追逐知识的人，肯定会疲惫不堪了！

"人一旦禀受成形，就不参与天地变化，而等待着形体耗尽，和外物相接触便相互摩擦，驰骋于其中，而不能止步，这不是很可哀吗？终生劳碌而不见有什么成就，疲惫困苦都不知道究竟为的是什么，这不也很可悲吗？这样的人生虽然不死，又有什么意思呢？人的形体会逐渐枯竭衰老，而人的精神又困缚于其中随之消亡，这不是莫大的悲哀吗？人生于世，本来就是这样昏昧吗？还是唯我独昏而别人也有不昏昧的呢？"（《齐物论》）

有对待心则有知识，因知立言，因言生辩，以心斗物，以物斗心。起先试图役使外物满足欲望，结果却必然为外物所役使。被役使则昏昧，昏昧则有成心，有成心而不知泯除，则师心自用。师心自用则生是非，又复因是非而立言，因言而争是非，辩争无休，昏昧无已。

庄子既不是以己之昏昏而欲使人昭昭；也不是一副世人皆醉我独醒的派头。他知道对于天道，无论谁都应该敬畏，都不该太狂妄太自负，都不该固执于成见，师成心而自用，自以为是，而以人为非。否则，天道就被小的成就所遮蔽了，至言就被浮华之辞遮蔽了，儒家与墨家的争论就属此类，更何况一般人呢？

"小夫之知，离不开应酬交际，劳弊精神于浅陋琐事，却想普渡众生，引导万物，以达到太一形虚的境界。像这样，只是为宇宙形象所迷惑，劳累身体而无法认识太初之境。悲哉乎！你们的心智拘泥在毫末小事上，怎么会知道大宁的境界呢？"（《列御寇》）

因此，人生并不必然痛苦，至乐、天乐也是可以获得的，这就看你怀着一颗什么样的心灵。

9. 古诗教学中的人生观、价值观教育

积极的人生观、价值观是学生成才的基础。在古诗教学中，我们应注意挖掘内容，进行全面的教育。如唐代诗人王之涣在《登鹳雀楼》中写道："欲穷千里目，更上一层楼"。体现了诗人积极进取，不断开拓的精神。明代诗人于谦《石灰吟》则表现了作者不畏艰难、坚贞不屈，甘为人民利益而牺牲的高尚精神。王安石《梅花》一诗中的"凌寒独自开"歌颂了梅花不屈不挠的精神。诗中的梅花，其实是诗人的自我写照。元代画家王冕在《墨梅》中也写道："不要人夸好颜色，只流清气满乾坤"。不仅写出了墨梅的高雅气质，而且反映了他的人品和贞操。在教学这些优美的诗句中，融入人生观、

价值观的教育，其效果自然好于枯燥无味的说教。

诗歌教学自身不仅是审美性的，还兼有伦理、政治、科技、文化等方面的因素。正如《论语》中所提到的："小子何莫学夫《诗》?《诗》，可以兴，可以观，可以群，可以怨；迩之事父，远之事君；多识于鸟兽草木之名。"在古诗教学中，我们应引导学生深刻体会诗的思想感情，使之受到感染，进而对学生进行中华文化传统教育，让古诗这一颗璀璨的历史明珠放射出更加耀眼夺目的光芒。

10. 数学中的人生观教育指导

初中数学教学过程中，教师们注重的是如何把知识最优化地传授给学生，让学生牢固地掌握数学基础知识，其结果并不令人满意：两极分化依然出现。

教师们为了兼顾优、生而挖空心思，疲于奔命，结果却收效甚微，事倍功半。究其原因，是不少地方的学校和教师，没有真正地理解新课程的理念，在对学生和教师的考核中，仍然只看考试成绩，而在教学过程中也就只能狠抓"教书"，而忽略了教育还包含有"育人"这一功能。

根据新课程要求，要将未成年人思想道德教育纳入各学科教学之中，国务院也已下发了"关于加强未成年人思想道德建设的意见"的通知，这也充分说明我们的教育，不只是教书，更重要的还是要育人。

社会对人才的需求，有两个方面的人才：发展科学技术的专业人才和建设社会主义的建设人才。人才就好比一座金字塔，那些站在塔顶的就是那些具有高深专业知识的人才，是科学家、专家，而能够成为科学家和专家的毕竟只有少数的人。而那些被"压在"塔底的这部分就是建设社会主义的建设实用人才。他们往往都具有一技之长，在社会的各行各业中展现自己的能力和丰采，为社会主义建设做出了自己的贡献。

作为一个人口教育的大国，据一份调查报告显示：在农村的劳动力中18~40岁人员比重最高，占人口的58.4%。而受教育程度情况为：文盲或半文盲占7.4%，小学文化程度占31.1%，初中文化程度占49.3%，由此可见，初中及以下文化程度的劳动力所占的比重高达87.8%。这说明，具有初中文化程度的劳动力在农村的建设中支撑了半边天。那么一名初中毕业生是成为对社会有用的人才，还是成为危害社会的"毒瘤"，关键就取决于初中教育阶段的德育人生教育是否成功。

如何在初中数学教学中对学生进行思想道德教育的专项研究，目前在我国的初中数学教学中还非常贫瘠。数学作为知识的基础，它不仅是一门技术，而且也是研究和探索其它学科的一门工具，是学习获取知识的方法和手段的运动场，是培养学生创新能力的摇篮。然而，创新能力却是综合了一个人的整个精神品质的能力，它把一个人的踏实、大胆、长期磨炼的毅力、精细观察的能力、灵活思维的技巧、不懈追求的目标以及丰富渊博的知识结构全面整合起来形成的能力。

从此，我们不难看出，我们的数学教育不仅要传授给学生一定的数学知识，更重要的是要教会学生如何去获取知识。在教学生获取知识的同时，对他们的精神品质加以培养和磨炼，对他们的德育人生观进行教育，这样对于提高我们的教学质量起到了事半功倍的成效。

由于数学学科的特点，对学生的德育人生教育不可能像思想政治课那样进行专项的教育，只能结合学科特点对学生部分个性品质进行培养和磨炼，逐渐内化品质，以便养成良好的、积极向上的德育人生观念。比如我们在数学教学中主要从培养学生良好的兴趣，增强学生的自信心，培养学生踏实、大胆的精神，磨炼学生的毅力，增强学生自强的信念，提高爱国主义情操，建立科学的学习态度，树立人生追求的目标等方面进行教学，就会取得一定的成效。

初中学生是个品质形成和发展的重要人生阶段，同时初中学生的个性品质也具有较强的可塑性。如何引导他们养成良好的兴趣，就显得举足轻重了。在数学教学中，我们经常把"数学"比喻成一座美丽的花园。我们学习和研究的知识就花园中的一花一草，而那些重要的性质、定理就是花园中的名贵花草，数学难题就成为了生长在悬崖峭壁上的奇花异草，引诱着我们去采撷。这样不仅培养了学生对数学学科的兴趣，同时也激励了部分学生去采撷那些"奇花异草"的勇气，树立起了人生追求的目标。

在建立起了学生对数学学科的兴趣和目标后，针对学生数学素质参差不齐的状况，在在教学中实施分层次教学，让所有的学生都学有所获，并在学习实践中体验到成功的喜悦或失败的沮丧，增强学生学习的自信心，逐渐使他们的兴趣转化为爱好，将目标内化为自主学习的动力。

为了让学生的兴趣得到转化，信心得到增强，目标得到巩固，动力永存，我们还采取了对学生的作业实施当面批改的办法。在当面批改学生作业时，对学生作业中出现的错误，用研究和探讨的语气给学生指出来："这里似乎有点不妥；这几步好像有点不当；这些地方需要再考虑考虑"等等，然后让学生自己去分析、去研究，教师只是在适当的时候从旁加以指点和引导。让学生自己去纠正错误，从错误中吸取经验，培养学生踏实学习的精神，磨炼学生的毅力，并在适当的时候给学生介绍一些成功者的事迹，让学生体验"失败

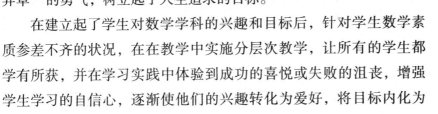

乃成功之母"的真正内涵，不断强化他们的自信，增强他们自强有信念。

在习题课的教学中，我们先让学生讨论，然后让学生走上讲台来讲解，同时那些不同解法的学生也让他们上台发表自己的看法，这样让学生充分体验成功的感受，同时也培养了学生大胆创新的精神。

在数学教学中，通过上述方法的反复实施，不断更新，不仅教学质量有了较大幅度的提高，而且学生的个性品质也在不断的潜移默化：兴趣得到了转变、自信心得以加强、毅力得到了磨炼，学习有了目标。

我们教师不仅"教了书"，同时也"育了人"，使教育体系的灵魂——德育——在我们的数学教学中得到了充分的实施，同时培养了一大批有文化、有理想的未来科学家、专家，也培养了一大批具有良好的、积极向上的德育人生观念的、对社会有用的社会主义建设人才。

11. 政治课教学对树立人生观的作用

树立人生观的作用

中共中央、国务院《关于深化教育改革，全面推进素质教育的决定》（以下简称《决定》）中指出，"实施素质教育，必须把德育、智育、体育、美育有机地统一在教育活动的各个环节中"，"寓德育于各学科教学之中"。《决定》对素质教育的德育方面提出了十分明确的要求：要加强辩证唯物主义和历史唯物主义教育，使学生树立科学的世界观和人生观。

（1）思想政治课中的时政教育　在高中阶段，开设经济常识、哲学常识和政治常识，有助于学生深入认识社会主义本质和根本任务，坚定社会主义信念，立志为社会主义作贡献；有助于学生深刻认识国家制度、民主制度、党政制度等问题，增强民主意识，自觉维护国家利益，加强民族团结，提高参与政治生活的能力。特别是高中阶段开设的时政教育课，更能使学生了解国内外大事，提高思想觉悟。

生活在市场经济中的当代高中生，其经济意识明显增强，越来越多的青少年注重"讲实惠"。讲实惠是一个很难一言以蔽之的问题。古人云：玩物丧志。意思是说，过分追求物质享受就会丧志气和志向。可见，这种讲实惠的思想一旦急剧泛滥起来将是多么可怕，它不仅会毁掉一批人，还会毁掉社会主义事业。通过经济常识的学习可以帮助高中生树立正确的苦乐观和消费观！有助于学生克服拜金主义、享乐主义，认识人生的真正目的。所以必须加强思想政治课中的经济学部分。

（2）思想政治课中的人格教育　培养和造就中学生健全而高尚的人格，是教育的根本目标，在高中的各学科中，政治课在学生人格的培养和塑造方面担当着重要而特殊的任务，具有其他学科所不能替代的功能。在应试教育向素质教育的转化过程中，政治课教学更应重视人格教育。

高中生正处在少年进入成年的路口，他们对于人生的意义、存在的价值和理想还很模糊，很容易误入歧途。

通过哲学常识的学习，可以帮助高中生形成正确的价值取向，树立正确的生死观，让他们了解一个人的成长不经过艰难困苦的磨练，就不可能获得完整的人生。

通过高中思想政治课哲学常识部分的学习有助于学生克服厌世主义人生观、禁欲主义人生观等等。更可以帮助学生形成科学的世界观，从而知道学生形成正确的人生观。

（3）思想政治课中的主权观念教育　国家主权是指一国所固有的和处理其国内事物和国际事物不受他国干预或限制的最高权利。在当今国际社会，围绕国家主权问题而展开的矛盾和斗争不断发生，国家主权问题已显得越来越重要。

我们的高中学生，主权观念则相对淡薄。我们要充分利用高三思想政治课教材已有的内容，紧密结合澳、港回归、南联盟问题时政热点，加强对学生的国家观念教育，这已成为对学生进行爱国主义教育的重要课题。

高中生中有很多一部分即将年满18周岁，我国宪法规定他们已经具有多项权利。通过政治常识的学习可以帮助他们树立正确的荣辱观和价值取向，可以帮助他们更好的实施自己应有的权利，完善我国的法制、民主！同时它还有助于学生克服集权主义、个人主义人生观、克服纯自由主义，成为一个爱国明礼诚信的人。成为社会主义事业强而有力的接班人。

（4）思想政治课中的科学人生观教育　高中时期哲学常识教学，有助于学生正确对待现实世界、社会实践。克服虚无主义，享乐主义，树立乐观主义人生观，初步建立辩证唯物主义世界观。

同时思想政治课是宣传党的路线、方针、政策的重要阵地。科学理论、正确的思想如果不去占领，各种伪科学、反动的迷信邪说就会乘虚而入，因此，必须加强思想政治课教学的功能，大力宣传科学知识，清除一切伪科学以防止毒害广大青少年的身心健康。

发挥政治课教学作用的途径

社会发展到高科技的时代，人的生活、工作、学习、事业，仍然受到世界观、人生观的支配。不管你相信不相信，承认不承认，一个人不是树立科学的世界观、人生观，就是树立资产阶级或封建落后的世界观、人生观，这是无法回避的现实，我们必须正视这一现实。高中阶段是一个人发育成长的重要阶段，是世界观和人生观形成的重要时期，高中生树立正确人生观的途径有很多种，其中高中政治课教学有不可替代的作用，高中政治课教学可以从以下几个方面发挥作用：

（1）强化思想道德教育

教育家夸美纽斯提出："德育先于智育"。英国教育家洛克也说："我认为一个人的各种品性中，德行是第一位的，是最不可缺少的"。这也说明德育教育无论如何都应放到学校工作的首位，不要只抓升学率而把德育虚化或程序化。而且，应避免说教和与学生实际脱节。德育应自然而然融于学校的其他教育之中。

在学校教育中，对学生实施思想道德教育的途径是多方面的，包括思想政治课、班主任工作、党团或少先队活动以及其他课程中的德育渗透等等，其中思想政治课以课堂教学为基本形式，是学校进行思想道德教育的主渠道，也是对学生进行系统的思想道德教育的最主要途径。思想政治课的德育功能，主要是通过课程教学得以实现的。

（2）讲解世界观与人生观的关系　人们在生活中自发形成的人生观，往往是不系统、不明确、不稳定的。只有在一定的哲学世界观基础上形成的人生观，才是系统的、明确的、稳定的，即自觉的人生观。人生观与世界观是密切联系的。

世界观是人生观的理论基础，他给人生观提供一般观点和方法的指导；人生观是世界观的一个方面，是世界观在人生问题上的贯彻和应用。

一般说来，有什么样的世界观就有什么样的人生观，而一定的人生观总是这样那样地表现着一定的世界观。树立了科学的世界观才能有正确的人生观和价值观。一个人的一生，在历史长河中只是短暂的一瞬，有人感叹生命的短暂和个人的渺小，认为，人生在世就应及时享乐。这种人不明白，没有别人的奋斗，怎么会有他人的享乐更不明白对人类对社会一无所予的人更渺小、生命更短暂。

只有把自己有限的生命投入到社会进步的事业中，为这一事业去奋斗、去奉献，他的生命才会在自己的那份贡献中获得延续，他个人的存在才能与社会和历史融会为一个伟人的集体。新时期的青少年只有树立正确的世界观才能树立正确的人生观，才能为社会主义事业作出更大贡献。

（3）加强对人生观的引导　在平时教师要引导学生经常关注社会和人生的热点问题，并从世界观和人生观的角度去分析这些问题。如当青年报刊开展"关于人的本质是否自私问题"讨论时，教师就应该引导学生积极参加，在分析活动中加以指导。这种通过时间活动而或得的人生观、世界观方面的认识，往往对他们的健康成长会产生更大的积极作用。

（4）掌握人生观形成的规律　对学生进行科学的人生观教育，一定要结合学生的年龄特点、生活经验和实际思想情况。

高中学生各方面正逐步趋向相对稳定和成熟的时期，思想品质具有从"经验型"、"情感型"和"理论型"、"理智型"过渡的特点，自我意识和对立意识显著发展，加之生活经验的积累，对自然和社会已进入探索阶段。

因此，可以对他们进行初步的马克思注意科学世界观的基本理论和基本知识教育，使他们正确认识人的本质和人生价值，初步掌握科学的方法论，树立正确的人生观。

（5）进行人生观的正面教育　高中学生正处在世界观、人生观形成的雏形期。随着高中学生生理、心理发育的日趋成熟，随着他们知

44

识、经验的积累和成人意识的日趋强烈,随着他们的社会意识和参与意识的迅速增强,高中学生读世界观、人生观问题的认识水平也在逐渐提高。对高中生进行世界观、人生观教育是有心理和思想基础的,教师应加强对他们进行基本的人生观、世界观的理论教育。

针对学生实际,教师还要引导他们树立远大的人生理想,树立正确的人生态度,并正确对待人生道路上必然遇到和必须解决的人生课题。使他们初步掌握判断人生观、世界观方面是非美丑的标准,并以此去衡量各种客观事物,指导自己的行动。

(6) 理想教育同人生观的结合 对高中学生进行世界观和人生观教育,不应脱离我国处于社会主义初级阶段的实际,提出一些高不可攀、可望不可及的要求,要从新世纪实现中华民族伟大复兴的目标出发,以我国广大人民群众实现社会主义现代化的共同理想为基本要求,引导学生正确认识人生的目的、意义。正确认识个人与社会、索取与奉献、享福与创造、环境与毅力、机遇与奋斗、学习与早恋等关系问题。

人生观对青年学生的影响如一切为自己的极端个人主义人生观,吃喝玩乐的享乐主义人生观,悲观主义、虚无主义人生观等。

(7) 发挥社会实践的作用 学校教育不应只是短时教育,教育工作者更应该关注学生的终身发展,应加强学生学习与社会现实之间的联系。让学生动态地观察、体验社会生活,为将来适应社会、参与社会、解决社会问题奠定基础。这就要“促进学生社会性的发展”。教材处理上也要打破本本主义,而应关注时世、关注生活,所谓“家事、国事、天下事,事事关心”。

(8) 正面人生观榜样示范 艰苦奋斗、勤俭节约是中华民族的美德,是我们党的传家宝。老一辈无产阶级革命家、千千万万的革命烈士,事事艰苦奋斗的光辉典范。朱德的扁担、毛泽东的补丁衬衣，周恩来穿了十多年的中山装，这其间都有一段感人至深的故事。通过典型事例给学生树立良好的世界观、人生观榜样。

高中思想政治课教学对人生观形成有重要作用，必须加强它的地位，使其更好的发挥对人生观形成的作用。

12. 体育教学中对学生人生观的培养

体育教学主要以室外课为主。是师生的双边活动，也是以身体和思维紧密结合在一起的一项特殊活动，不仅在于育体，而且在于育心。毛泽东同志曾经说过"体者，载知识之舟寓道德之舍也，无体则无的智者也"。

随着教育改革的不断深入，学校体育教学已经进入了一个崭新的发展阶段，已经从单纯的生物观逐渐向培养学生的思想、意志、品质、智力和能力等人生观、价值观方面转变。学生时期是人生的花季，正是长身体、长知识的重要时期。

因此，体育教师要充分利用体育课的有利条件，在向学生传道、授业、解惑的同时，将学生的人生观、价值观教育寓于体育教学之中，加强学生的思想品德教育，使学生在增强体质，获得体育知识的同时，陶冶情操、树立正确的人生观、价值观。

充分发挥教师的主导作用

传统的体育教学只注重学生在课堂上表演，而教师则习惯于发号施令，要求全体学生都统一到他所设计的"套中"，其结果事与愿违。

在很多时候，由于教学内容、教学方法的改变，学生完成工作失败、师生交往的冲突等原因，学生学习的主动性会随课堂气氛的变化而下降。这样就要求教师：

（1）要在体育教师中从以往的"以物为本"转变为"以人为本"，从"生物体育观"转变为"人文体育观"，实现"体育人文精神"与"体育科学精神"的有机配合，实现体育教育对主体性人格的培养，弘扬人的生命意义和价值意义；

（2）教师在教学过程中，教师的思想品德、言谈举止会使学生产生深刻的影响，将会起到潜移默化的作用。

因此，教师要加强自身的修养，要严于律己、为人师表，要以良好的师德、精湛的技艺去教育启迪学生，这样才能使学生"亲其师而信其道"，使学生产生巨大的向心力，从而使学生的思想教育收到最佳效果。

培养学生积极健康的生活态度

体育是一种社会现象，也是一种独特的社会交往活动，更是一种严格规则约束下进行的健康文明的活动。它不仅满足学生好奇、探究、体验，甚至"冒险"的心理。而且是不同动机、不同能力、不同年龄的青少年都可以参与其中。或欣赏、或娱乐、或竞技，找到适合自己的地位而受益。

同时，教师要严格要求学生遵守规则，按一定的程序认识问题。从而培养学生辨别是非、尊重事实、弘扬正义，爱憎分明、态度明朗的人格和学生的是非观、正义感。从而让学生体会体育的内涵，达到认识人生、认识社会，在体育活动中培养团结协作、奋勇拼搏的思想，激发他们的集体荣誉感，树立积极健康的生活态度。

培养学生自强不息的品质

体育是竞争。竞争中难免有失败，有挫折。但这种阻力可以转化为人前进的动力。就体育而言，成功、胜利是暂时的，而失败和挫折是永恒的。它是体现一个人是否具有坚强的意志品质。一个人的意志品质既是在克服困难的过程中表现出来的，又是在平时的学习、生活和工作中表现出来的。

在体育教学中体育教师应有意识的不断给学生出"难题"、设"障碍"、树"对手"，制造挫折的环境，同时通过表演、测试、竞赛等形式，激发学生向困难和挫折挑战的信念。其间学生或许会受到皮肉之苦、心理冲击，直至产生放弃的念头。

在这个过程中教师要根据课的进程迅速而恰当地给予学生一定技巧上的帮助，并鼓励学生向困难和挫折挑战的信念，是学生产生不断克服困难的信心和勇气，培养他们自强不息、顽强拼搏的人生观和价值观。

培养学生积极参与的团队意识

体育竞赛无论是个人项目还是集体项目，都要让学生学会尊重自己和尊重别人。讲究个人行为的规范性和道德性，培养学生良好的个人行为和道德风尚，鼓励学生积极投入，增强团队意识。在运动实践中：

（1）要让学生学会独立的观察、判断，独立的应付突如其来的赛场变化，充分发挥学生的个人特点、特长，发展个性，培养自主精神和独立人格。

（2）要使学生都置身于一个团队之中，团队胜了，大家分享；团队失利了，大家承担，并进行自省。团队荣我则荣，团队耻我则耻，从而培养学生为集体而战的奉献品质。

要注意课外因素的作用

社会"大气候"对调动学生学习的积极性和主动性有重要的影响。近年来全国"全民健身"活动的开展和素质教育的提高倡，体育对学生产生积极的促进作用。

学生在大气候的影响下，也深知作为一个公民应有的职责，力争做"强民"，而不作"弱民"的责任感在他们心中形成。培养学生热爱祖国的社会责任感。

总之，新课标下的体育教学，在增强学生的体质、传授体育知识的同时，还要科学的将德育教育贯穿于教学的始终，美国教育学家、心理学家詹姆斯说过："人性最本质的特点，就是希望得到别人的赞赏。"

实践证明，在愉悦的情绪中，学生更容易接受历史的教诲，他们青春亮丽、活泼开朗，他们有强烈的进取心和求知欲望，作为人类灵魂的工程师，就要无私的为他们撑起一片蓝天，使学生逐步形成正确的人生观、价值观，在体育锻炼中不断完善自我、发展自我、超越自我。

13. 对中学生进行荣辱观教育

中学生是祖国的未来、民族的希望，中学阶段正值人一生世界观、人生观、价值观形成的关键时期，具有非常强的可塑性。本文从对荣辱观的认知和体验两个方面阐述如何对中学生进行社会主义荣辱观教育，使学生做到知荣明耻，做当荣之事，拒为辱之行。

我国是礼仪之邦，历来讲究礼义廉耻忠孝仁爱。但在社会转型时期，生活方式的多样化带来了了价值取向的多元化，同时也形成了价值标准的相对化，从而导致了是非，美丑，善恶的界限在某些方面逐渐淡化。对物质文明的极端追求，导致了现代人对幸福，对人生意义的曲解，虽然物质财富每天都在增长，但快乐却不能同步。马丁·路德曾说过："一个国家的繁荣，不取决于它的国库之殷实，不取决于它的城堡之坚固，也不取决于它的公共设施之华丽，而在于它的公民的文明素养，即在于人们所受的教育，人们的远见卓识和品格之高下，这才是真正的厉害所在，真正的力量所在"。因此党中央提出进行荣辱观的教育即在构建和谐自我和谐社会。

对中学生进行重塑自我，超越世俗的拘束，抵达精神境界的高度……使中学生极大的增强自我认知，自我重塑，提高自我管理，自我成就，自我创新，自我发展和自我和谐的能力。

认识美化价值学会做人

中华民族的传统美化是中华民族几千年文明的创造的宝贵财富，代表了中华民族的精神，以儒家为代表的优秀传统道德具有理性的启蒙价值，即"以德教人"的修身治国之道，对当代社会生活和公民道德建设具有借鉴和启迪的价值。学者认为中华民族的传统美德主要是：一仁爱、孝悌；二谦和礼让；三诚信知报；四精忠报国；五克己奉公；六修己慎独；七见礼思义；八勤俭廉朴；九教实宽厚；十勇毅至行。而作为一个个体的人而言，就是你的作为对得起自己，对得起他人，对得起你赖以生存的社会。

从上面的结论道出了一个道理：学会做人就是人生的最高学问。如何实现这个目标：心理当有这样一个规律：假如你站在一面镜子面前，你笑时镜子里的人也笑，你喊时镜子里的人也喊；也就是说，我们对每个人所表现出来的态度，往往以同样的方式的反应和回答。说明大多数的人是自己制造出来的友善才会使你的朋友遍天下，使你的品质升华，使你的生命充满欢乐。善待自己，善待他人，生活充满幸福，人应该有爱心。只有这样我们才会拥有自己人生中最伟大的财富。你尝试着这样做：从此刻起，你对一切都满怀爱心，你可以爱太阳，因为它温暖着我们的身体；你可以爱雨水，因为它滋润了提供我们食物的大地；你可以爱光明，因为它给我们带来了希望；你可以爱黑夜，因为它让我们看到了闪烁的星辰；你可以迎接快乐；因为它使我们心胸舒畅；你可以接受悲伤，因为它能使我们的灵魂升华；我们要爱自己，只有这样我们才会真正拥有爱。只有拥有爱的人才能付出爱。

树立信念走向成功

要想成功，就必须先帮助自己坚定成功的信念。心理好比是水，因为它多变，不稳定，有潮涌也有潮落，而信念则好比烈火，它炽热的燃烧着，只要控制得好，作用于水一样的心理时，便会产生出如蒸汽般的巨大能量的意志，因而便可完成任何目标。谁让信念之火熊熊地燃烧起来，谁就能掌握成功的金钥匙。全世界的心理学家和科学家都同意一个观点：信念决定一切，关键是你能否运用信念的神秘力量。如何运用这种神奇的力量，科学家们通过有趣的实验得出了结论：人脑就像电脑，你输出问题就等于输入指令，人脑就会自动按照你的指令执行，搜寻所有资料，最后反映出结果。只有用好的问题才可以替换糟糕的问题所带的困扰，只有不断地提出有效问题（认定事物与自己幸福生活之间的点子和意义）就能够得到你想要的答案—幸福生活。

当代教育家陶行之曾经用一句话，精妙地指出了教育的目的，他说："千教万教教人求真，千学万学学做真人"。因此荣辱观的教育更具现实意义，让青年少年学生从自身做起，引导青少年形成正确的价值观，从思考上理解，从习惯上培养，从行为上实践；一个具有正确荣辱观的人，一个由无数高尚的人组成的社会，必定是一个和谐美好的社会。故"泰山不让土壤，故能成其大，江海不择细流，故能就其深。"

结合中学生生活实际

荣辱观教育，要适应不同年龄、不同家庭背景的学生，要适应不同思想和性格特征的学生，要从学生的现实生活中寻找荣辱观教育的素材和契机，用学生身边的人和事来教育学生，用事实说话，用事实引导学生的生活。使我们的教育更加科学、细致、有效，这是对中学生进行荣辱观教育的有效途径。

坚持"两个结合"

一是要坚持社会主义荣辱观教育与校园文化建设的有机结合，正确处理个体与环境的关系。开展社会主义荣辱观教育，需要有一个齐抓共管，上下一致，师生联动，整体推进的校园氛围，发挥环境育人的作用，用校园文化建设所建立起来的优秀环境和氛围，来影响和带动学生个体的改变与发展。

二是要坚持社会主义荣辱观教育与学校教师队伍建设的有机结合，正确处理主导与主体的关系。教师作为施教者和组织者，在组织开展荣辱观教育的过程中，起着教育主导的作用。教师的组织能力、教育水平、教育艺术等，不可避免地制约着荣辱观教育的实效。为此，我们一定要把荣辱观教育与学校教师队伍建设有机地结合起来，处理好荣辱观教育过程中的主导与主体的关系。

开展社会主义荣辱观教育，是全社会的共同职责。作为教育主阵地的学校，应积极主动地与学生家庭和社会协调统一起来，形成"三位一体"的联动机制，提高教育效果。对中学生开展荣辱观教育，是学校当前乃至于今后一个时期内学校德育工作的核心内容。所以学校要从"培养什么人"、"如何培养人"的战略高度来认识荣辱观教育，应当把"八荣八耻"教育，放在学校德育工作的重要位置。

青少年树立社会主义荣辱观，需要整个社会"言教"，更需要整个社会"身教"。教师要为人师表，"这是老师说的"，"老师要我们这样"，"老师不准我们这样"。在少年儿童眼里，老师的形象是崇高的，老师的教导是神圣的，老师的话是他们辨是非、分荣辱的标准。在广大青少年眼里，老师往往是他们做人的榜样，老师的一言一行，往往成为他们模仿的对象，对他们的一生都会产生深刻的影响。广大教师一定要充分认识自己在培养青少年成长中肩负的光荣责任，要结合社会主义市场经济条件下，社会生活、校园生活、家庭生活的实际，针对当代青少年的特点和思想品德建设的实际，用富有创造性的鲜活形式，将"八荣八耻"引进课堂，作为思想品德教育的重要内容。特别是广大教师要以身作则，以行育人，以德化人，不能在讲台上滔滔不绝，义愤填膺抨击各种丑恶现象，走下讲台却对各种不正之风熟视无睹甚至迎合追逐。

社会是更大的课堂。今天，生活在信息时代、受到各种文化影响的学生，视野更为开阔，思想更为活跃，他们以各种方式更早地融入社会生活的各个方面。五光十色的社会生活，成年人多种多样的活动方式，无不成为他们做事的参考、做人的参照。为学生们我们需要改造成年人的世界，为未来我们需要约束自己的言行。在我们的社会中，只有荣辱有鲜明的观念，是非有清晰的界限，善恶有明确的区分，才能更好地教育学生知荣明耻，扬荣抑耻，向善而行，健康成长。

14. 高年级学生应树立正确的人生观

刚升入高中的学生，正处于少年向青年的过渡时期；正是性格由外向转为内向，由注重外部世界转向注重思考、注重精神素质培养的所谓"危险"时期。因为这时期是人生观的奠定和形成时期，它将影响人的一生的成长和发展。

因此，我们在进入高中科学文化学习的同时，认真考虑和探讨人生观的问题是非常有意义而饶有趣味的。

木桦的小说《无名指》叙述了这样一个故事：一晚，一大学生去听音乐会。舞台上，一位身穿白色连衣裙，表演小提琴独奏的姑娘深深地吸引了他。会后，大学生壮着胆子向姑娘献上了一束鲜花以表钦佩之情。从此，大学生向姑娘不断地大献殷勤。一段时期以后，他以为她也爱上了自己。于是，决定向姑娘表露心迹。

他对姑娘说："我非常爱你，特别爱你的无名指……"

姑娘愣住了"为什么？"

"右手执弓的时候，通常是大拇指、食指和中指执弓奏出美妙动听的乐曲，而人们欣赏到优美的姿势却是弯弯翘起的无名指。"他得意地解释说"无名指不需要付出却能得到人们的青睐，所以，我特别爱你的无名指。"

不由姑娘分说，大学生随即掏出一个礼盒送给她。

"我不能收你这么贵重的礼物。"姑娘打开一看，是金戒指。

"你不用马上答复我，"大学生按住她的手说"我等你的消息。"

一天两天过去了，没有回音；第四天，他等来了一封信。他捏着鼓囊囊的来信，一看娟秀的字迹就知道是姑娘写的。突然，"当"的一声，从信封里滚落一枚金戒指。信上只有一句话：

"我不想做生活中的无名指！"

同学们，这就是人生观，这就是由于人生观的冲突而使他们不能相爱。

德国作家海因里希·伯尔在他的小说《游哉悠哉》里，也表现了两种人生观的冲突：

一天清晨，记者来到海岸沙滩，面对大海美丽的风光，他情不自禁地"咔嚓""咔嚓"地拍起照来，实在是太美了，他想着，举了相机。他又"咔嚓"。正当他再准备咔嚓时，镜头里出现一个衣衫褴褛的渔民，他用一顶破草帽遮住脸，正悠闲地躺在沙滩上晒太阳。这时，记者的咔嚓声把他吵醒，正坐起来掏香烟准备点火，热情的记者走过来"咔嚓"一声帮他把火点着。于是他们聊起来。

"先生，天早得很，为什么不出海？"

"我已出过海了，"渔民悠闲自在地说。

"那你可以把明天甚至后天的鱼捕完，不是很好吗？"记者不理解地问，从内心轻视而同情起他来。

"我已捕得够多的了，有几筐鲟鱼，还有两只大龙虾。足够我几天吃的。"

"可是，你为何闲着，本可以捕更多的鱼，将来可以买一艘机帆船……"

渔民专注地望着他，等待着他的下文。

"你赚了很多钱，在靠海岸区建一座鱼产品加工厂……"

"那能怎么样？"

"你可以将你的产品销往世界各地，赚很多很多的钱。"

"那又怎么样？"

"那你可以买一架直升机，到人们不能去的海域侦察鱼群，"记者滔滔不绝道"打更多的鱼，发更大的财，你将是世界上有名的富翁，"

"然后呢？"

"然后？然后你就周游世界，或者躺在沙滩上优哉游哉地休息，晒晒冬日的太阳。"

"是的，我已经这样做了，"渔民得意地说"是你的咔嚓声打断了我的梦境，不是吗？"

曾经，记者都有点瞧不起这位渔民。可现在，他无话可说，带着一种嫉妒的心灰溜溜地离开了那渔民。

以上，我们可以看到，渔民和记者代表了两种不同的人生观，他们有着不同的追求。记者所希望的人生是不断进取，不断追求财富。这种人生观代表了绝大多数人，是人们所赞赏的；渔民所希望的人生是不做财富的奴隶，追求内心的平静和恬淡，不为物所累，轻松自在，我们不能说这种人生观不对。所谓"富贵非吾愿，帝乡不可期。"（陶潜语）前者虽然是人们所向往的，但人们的愿望和追求是一回事，实际的成功与否又是另一回事。从古到今，成功者、卓越者毕竟是少数；由于种种原因，绝大多数人不能算是卓越者。当然，生命的意义不在于一定要出人头地，关键在于生命的价值。

从小说《无名指》和《游哉悠哉》中可知，两篇小说都有相似的精神冲突，但它们所体现的价值并不同。一句话，"相似的精神冲突"和"迥异的文化价值"是这两篇小说的相同之处和不同之处。随着社会的发展，生活项目的丰富和拓展，记者所持的人生观虽然为人们欣赏，但不一定大多数人会持这种人生观而孜孜不倦的追求；也许渔民的生活态度更切合大多数人的实际。人们在符合自己实际的前提下扬长避短，可能反而会成功。

毫无疑问，那位大学生的不劳而获似的人生观是遭人们唾弃的，但这种人也不在少数。这就要我们明辨良莠，向一切美好的人物和事物看齐。我们向往美好，追求卓越，不一定非要成功不可，因为这种追求的过程本身就是美好的；向着美好的境界迈进，只要努力了，即使达不到目的，也不会后悔。"是为钓，并非为鱼。钓胜于鱼。"

当谈到渔民的人生观将来可能会被大多数人接受，这并不意味着人们不向往光明和美好，只讲究实惠；而是意味着现代生活越来越显得多元化和丰富多彩，人们选择的余地更大。

向往和追求真善美是人类的本性，这是第三思潮人本主义美国心理学家亚伯拉罕·马斯洛多年研究的成果。何况"光明也有黑暗的时间，英雄也有卑下的情操。只不过光明不被黑暗所战胜，英雄不被卑下的情操战上风罢了。"（傅雷语）钱中书先生在小说《围

56

城》里借一外国哲人的话说"天下只有两种人：譬如一串葡萄到手。一种人是先挑所剩下的最好的吃，另一种人是挑所剩下的最差的吃。照理是第一种人幸福，其实不然，因为第二种人有的是美好的希望，而第一种人有的只是回忆。"

一个老人在行驶的火车上，不小心从窗口把刚买的新鞋弄掉了一只，周围的人都为他惋惜。不料那老人立即把第二只鞋也从窗口扔了出去，让人大吃一惊。老人解释道："这一只鞋无论多么昂贵，对我来说也没有用了，如果有谁捡到一双鞋，说不定他还能穿呢!"显然，老人的行为已有了价值判断：与其抱残守缺，不如断然放弃。

我们都有过对某种重要的东西失去的事，且大都在心理投下了阴影。究其原因，就是我们并没有调整心态去面对失去，没有从心理上承认失去，而总是沉湎于已经不存在的东西。事实上，与其为失去的而懊恼，不如考虑怎样才能重新获得。且看，我们从老人的行为中，不是也看到了一种人生观的具体体现吗?! 这对如何面对挫折和困难，不也是一种启迪吗!

生活确实是个万花筒，许多时候是不能按常规去理解的：有些人生活富庶，他却向往穷人的自足；有些人身居高位，他却羡慕平民的朴素；有些人荣誉缠身，他却喜欢凡人的轻松。

每个人有每个人的烦恼，不要总是认为别人都比你生活得好，说不定，你的生活方式还是他们的追求的目标呢! 这就像高考局内的人一样。高考落榜的同学总是羡慕考上大学的同学，尤其是那些考上名牌大学的同学。谁都知道，那是他们经历了多少个苦读苦练的昼夜洒下多少辛苦的汗水得来的。很明显，任何成功都很辛苦，都要付出代价的。任何事物都有两个方面。但谁也不会因为辛苦，要付出代价就放弃努力。这就是我们今天要努力争取考上大学并且争取考上重点大学的意义所在。

　　同学们，现在提出一个问题，让你们来思考，你会如何看待呢？假如有两条生活道路让你来选择。一条已知当时是轻松而幸福的，一条是暂时还看不到希望但能磨炼人的艰苦的道路。许多同学现实一点可能会选择前者，也许有一些具有好胜心且有顽强意志的同学偏偏选择后者。但是为什么呢？也许各有各的道理。然而成功心理学的某些知识告诉我们：当你选择了一条轻松而平坦的幸福路，可能将来你会走得越来越感到沉重艰难；当你选择了一条艰难甚至充满荆棘的路，可能将来你会走得越来越轻松而幸福。

　　有一个寓言故事发人深省：两个强盗路过一个绞刑架。一个强盗叹息道："假如这个世界没有绞刑架和监狱该多好啊！"另一个强盗骂道："笨伯，绞刑架，监狱和警察是我们的朋友，假如世界上没有它们，那我们就干不成强盗这个行当了。"是啊，没有法律的制裁都去干强盗，那谁是真正的强盗呢？困难、挫折和逆境常常是我们的朋友，它们造就人才，创造历史。

　　英雄是以战胜困难为条件的。成功也是在失败，在战胜困难和痛苦，在犯错误和黑暗中探索的前提下完成的。（德国）黑格尔说过：错误本身乃是"达到真理的一个必然环节，由于这种错误，真理才会出现。"（英国）戴维说过："我的那些最主要的发现是受到失败的启示而作出的。"有人说"若不让错误出生，便不会有真理降世"。说得妙极了！

　　在一个贫民窟里，有一个男孩，他非常喜欢踢足球，可是又买不起，于是就踢塑料盒，踢汽水瓶，踢椰子壳。有一天，当他在一个干涸的小塘里猛踢一只猪膀胱时，被一个足球教练看见了，他发现这男孩踢得很是那么回事，就主动提出送给他一只足球。小男孩得球后更卖劲了。圣诞节到了，男孩的妈妈说："我们没有钱买圣诞礼物送给我们的恩人，就让我们为他祈祷吧。"小男孩跟妈妈祷告完

58

毕,向妈妈要了一只铁铲跑了出去,他来到一处别墅前的花圃里,开始挖坑。就在他快挖好的时候,从别墅里走出一个人,问小孩在干什么,小男孩抬起满是汗珠的脸蛋,说:"教练,圣诞节到了,我没有礼物送给您,我愿给您的圣诞树挖一个树坑。"教练把小男孩从树坑里拉上来,说,我今天得到了世界上最好的礼物。明天你到我的训练场去吧。这就是世界著名的球星贝利。

同学们看了这个故事,一定会产生类似的联想。这里除了汗水还不够,还要有爱心。也许天才之路都是用爱心铺成的,除此之外,你一定不会忘记"天才是百分之九十九的汗水加上百分之一的灵感"(爱迪生语)

我们树立什么样的人生观,不能抱侥幸心理,你可以选择,也可以用一种人生观来调整自己。用生活中的许多美好的东西来激励自己,但无论如何,生活是光明而美好的,但生活中可能充满荆棘,困难和痛苦是不可避免的,只有不断地克服困难,战胜痛苦,人生才能走向辉煌!

15. 高中学生人生观教育的探索与实践

我国经济体制的重大变化对社会各领域产生了深刻的影响,也给当代高中生的人生观、价值观带来巨大冲击。当代高中生是新世纪的青少年,高中是青少年人生观形成的重要时期,树立科学人生观对于学生学习和将来走出校门步入社会有着十分重要的意义。

所谓人生观,是指对人生的看法,也就是对于人类生存目的、价值和意义的看法。本文立足课堂教学,以哲学课程教学为手段,谈谈在高中哲学课教学中引导和培养学生树立科学人生观的几点做法。

树立科学的人生观

古人云："其身正，不令而行，其身不正，虽令不从。"教师要想通过课堂教学的形式引导学生树立科学的人生观，首先自己就必须树立科学的人生观。

在课堂上，教师对有关原理和观点的剖析与阐述，在很大程度上体现出教师的人生实践与经验，并通过教师的人生实践，了解教师对人生的看法，对人生的追求，从而感染和教育学生。

因此，教师只有自身树立了科学的人生观，才能更好地指导学生、教育学生，才能言传身教，在课堂上给学生传授知识的同时，让学生了解教师自身的人生观，从而起到潜移默化的作用。

可见，在课堂教学中学生不仅获得一定的科学文化知识，而且还从教师身上懂得许多活生生的人生哲理，教师必须"正人先正己"，这对学生树立科学的人生观是至关重要的。

合理运用启发和引导

新课改必须落实到课堂教学中，体现在课程改革和学科教学中。课堂教学既是向学生传授知识的主渠道，也是对学生进行思想教育的根本途径。

当前高中生无论思想上还是行为上较之以往已大有不同，他们自我意识不断增强，逆反心理也较大，这必然加大思想教育的难度；加上一些学生由于受种种思潮的影响，对哲学学科往往缺乏浓厚的兴趣。

因此，我们在教学中应切忌"压"或"灌"的方式，而应坚持平等原则，充分发挥学生的主体作用，使其潜移默化地接受教育，达到"润物细无声"的效果。

在教学中能否让学生在掌握知识的同时树立科学的人生观，关键在于改革教学内容和方法，回归生活，注意启发和引导。这里所说的"引导"指的是教师在教学中，有意识、有目的地调动学生学习的兴趣和主动性，使学生的思维朝着教师预定的方向和目标走去。

教师如何在教学中达到这一目的？我个人体会，关键在于突出"趣"、"例"、"情"三个字。

（1）点缀趣味，寓教于乐　知识本身是严肃的。哲学更是一门理论性强、知识量大的学科。它所阐述的基本原理既与生活息息相关，又具有高度的概括性、抽象性。学生由于第一次接触，感到既陌生又好奇。

我们应善于抓住学生的好奇心，一方面以此为苗头，激发其学习兴趣，让他们体验知识之乐，达到寓教于乐的效果；另一方面调动各种积极因素，根据内外因相互转化的原理，把学生的学习兴趣转化为内在的学习动力，从而使学生乐学、好学，实现"要我学"向"我要学"的转化。

例如，在讲到"事物是普遍联系的"时，发现不少学生注意力不够集中，便即兴闲聊道：事物之间是普遍联系的，举个例子说吧。很久很久以前，有个县官，他很喜欢画画，尤其是喜欢画老虎，可他却画得不好，但又霸道的很，不准别人说不好。有一次，又画了一副老虎挂在堂上，问一个机灵的下属：

"你看我画得像吗？""我，我不敢说！""为什么？"

"我怕。""你怕什么？""我怕老爷。"县官一听，有些得意，便追问道："老爷怕什么？""老爷怕皇上。""那皇上怕什么？""怕天。"

县官一想，对啊，皇上不是"天子"吗？当然怕天。"天怕什么？""天怕云遮。""云怕什么？""云怕风刮。""风怕什么？""风怕墙挡。""墙怕什么？""墙怕老鼠钻洞。""老鼠怕什么？""怕猫。"同学们抢着回答道。"不"这时老师模仿下属的口气回答说："怕，怕老爷画的这东西捕捉。"

至此，全班学生哄堂大笑。老师接着笑声强调说："你们看，事物之间就是这样普遍联系着的啊!"这样,使学生不仅领会抽象的道理,而且笑去了听课的疲劳,调动起他们的学习兴趣,重新抖擞精神,集中精力听课。

(2)捕捉事例,以事服人 举例是教学中理论联系实际的一种常用方法,也是一种有效的手段,更是一门巧妙的艺术。哲学又称之为生活哲学,举例对其显得尤其重要。

在讲授知识的同时结合例子加以说明与讲解,既能加深学生对这一知识点的理解,又可以借题发挥,对学生进行人生观的教育。为此,教学中应善于捕捉现实生活中的例子,增强说服力。在举例的过程中坚持适量、适时、适度的"三适"原则。

适量指的是要精选典型事例。教师在课堂上举例并非越多越好,越多越有效果,只有恰到好处的典型事例才能使学生如梦初醒,恍然大悟;才能成为帮助学生理解观点,强化识记,防止遗忘,启发思维,发展能力,触类旁通的"催化剂"。而不切实际的事例会使学生越听越模糊,结果只能是事倍功半,收益甚微。

在教学中,想借助例子,借题发挥,教育学生,就应从现实中取材,这样会使学生觉得具体实际,亲切感人。如在讲授人生价值时,结合我市某镇发生的"虐待儿童"案件,课前要求学生通过查阅报刊,初步了解情况,然后在课堂上播放卢某夫妇虐待其女儿的部分片段,并提出三个问题:卢某夫妇为什么要虐待自己的新生女儿?他们所追求的人生价值又是什么?从这一事件中我们可以领悟到人活着的目的是为了什么?学生通过课前了解、片断体会、小组讨论、个别发言、教师点评,从而达成了共识:卢某之所以虐待其亲生女儿,是因为重男轻女、传宗接代封建思想在其脑海中根深蒂固,他们所追求的人生价值就在于多生儿子,儿子就是宝,女儿就是草。他们一方面伤害了自己的女儿,另一方面也触犯了法律。从这一事件中，我们可以看到每一个人都必须把握好自己人生的方向盘，端正人生坐标，否则就会在人生道路上迷失方向，甚至于误入歧途，触犯法律。

适时，即把握举例的时间。也就是说，要善于把握教育的契机，选择最佳的时机进行引导和教育。当前学生面对将来就业、高中教育体制改革等一系列的新情况、新问题，往往感到彷徨，不知所措。

根据这些实际情况，如在讲授"认识矛盾的普遍性的意义"时，引导学生认识到：当前的就业已经从单向分配转变为双向选择，教育体制改革也要求我们革新教学方法和学习方法，这些的确给我们带来了很大的压力，但对于国家的发展、民族的振兴以及个人自身的发展又是十分必要的。

因此，我们要树立正确的择业观、人生价值观，坚持用一分为二的观点来分析，既要看到其不利的一面，同时也要看到其有利的一面，只有这样，才能更全面、更客观地认识和解决问题，利国、利人、利己。

举例还应适度。所举的例子必须准确、恰到好处，这就要求把握好分寸。因为任何事物都有一定的限度，超出了这一限度，就没有说服力。

（3）创设情景，以情感人　心理学指出，情感是人的心理过程的重要组成部分，它是人对他人和外物是否符合自己需要所产生的内心体验。人在社会生活中无时不在产生种种内心体验。"感人心者莫先乎情。"

如果教学中缺乏情感感染力，那么这种教学就会变得生硬贫乏、枯燥无味，学生就会无动于衷，这种教学就必定归于失败。我国著名文学家、教育家夏丏尊先生说过："没有水就不成其为池塘，没有爱，就不成其为教育。"

可见，在引导学生树立科学人生观的教学和教育中，必须注重和加大"情感"的投入，做到以情感人。例如在讲授"人生的真正价值在于对社会的贡献"这一观点时，就可以运用多种教法创设情景：

①先投示说明周恩来对雷锋精神的精辟概括以及雷锋名言：人的生命是有限的，为人民服务是无限的，我要用有限的生命投入到无限的为人民服务中去。

②用电教法显示雷锋为人民服务的场景，从而引出人生价值的概念；

③用层层分析法逐步揭示"人生的真正价值在于对社会的贡献"的道理；

④用辩证法与录像法相结合，先创设一老农掉进河里的情景，并配上当时环境的音乐，让学生身临其境，不由自主地"进入角色"产生共鸣。

教师抓住时机提出假设：假如这时的你恰好目睹这一情景，会怎样做？让学生各抒己见，通过学生的自由辩论，使他们进一步明确上述原理，同时也向学生进行了一次深刻的人生观、价值观教育，提高学生的思想觉悟。

实践证明，点缀趣味法、捕捉事例法、创设情景法三者是相互促进、相辅相成的，只有把它们有机地结合起来，才能达到最佳的教育效果。正如学生所说："以前我觉得什么都无所谓，没有什么做人的目标，学习也因此失去了动力。但学习哲学知识以后，自己的人生目标明确了许多，使自己再次充满了前进的动力。"

高中生朝气蓬勃，他们肩负着振兴中华的希望，是新世纪中国教育的希望所在。从这一战略高度来审视，培养高中生树立科学人生观就显得格外重要，它是每一位教育者所必须思考和着手解决的问题，是责无旁贷的任务。

第二章

学生人生观素质教育的故事推荐

1. 虞舜以孝闻天下

舜，是颛顼的六世孙。虞舜 20 岁以孝闻名天下，30 岁为尧所知并娶其两女，50 岁代尧行天子之政，在位 39 年。虞舜所处的时代，是历代政治家最为向往的社会。其时华夏族疆域扩大，政治清明，百姓安康。

对于有缺点的父母该不该爱？舜用他的行动为世人树立了一个榜样。

舜的父亲名叫瞽（gǔ）叟，就是"瞎老头"的意思。因为他有眼不识贤愚，便得了这样一个诨号。舜生下不久，母亲就死了。幼小的舜从未得到过父亲的疼爱。瞽叟不久又娶了一个年轻美丽的妻子，生下一个叫象的儿子和一个女儿，舜的日子就更不好过了。舜得不到一点家庭的温暖，性格却非常笃厚善良。他遭到父亲的毒打，总是默默地流泪，实在忍受不了时，就独自跑到荒野里大哭一场。尽管这样，舜仍然仁爱地对待他的父亲、后母和弟妹。

经过无数个难挨苦熬的日日夜夜，舜终于长大成人。他孝敬父母、友爱弟妹的贤名已传遍华夏各部。但是，狠心的父母待他依然如故，舜只好离家出走，来到他早就向往的东方。

舜先是在历山开荒种地，没过多久，历山的农民受他的感化，都争着让起田界来。舜又到雷泽去打鱼，过了不长时间雷泽的渔夫也都争着让起渔场来。舜后来又去寿丘制造各种家具器物，人们听说后纷纷迁来居住，仅一年时间，这地方就成为村庄，再过一年就成了一个较大的集镇，又过一年竟成为很大的城市。舜的名声由此更加显扬。

天子尧很赏识舜的天资为人，决定让舜继承帝位，并把两个女

66

儿娥皇、女英嫁给舜，让九个儿子伴随舜。结果在舜的感召下，尧的两个女儿都不敢以帝女自骄，而是像一般人家那样与邻里和睦相处。尧的九个儿子也都尊敬舜，性格也日益笃厚恭谨。尧非常高兴，于是赐给舜一把琴和一套细葛布衣，为他修建了几间谷仓，并且给了他一群牛羊。

舜自己做了天子的贵婿，并没有忘记他的父母，于是带着两个妻子去见家人。瞽叟一家人见舜携妻载物归来，非但没有收敛恶心，反而处心积虑地想把舜害死，好得到他的财产和妻子。

有一天，象喊舜去修缮谷仓，舜回家告诉了妻子。两个妻子每人送他一个竹笠遮日。当舜爬上谷仓后，象和瞽叟就从下边搬走梯子放起火来。舜将竹笠举起，从谷仓上跳下来，竹笠像鸟翼一样，增加了浮力，他居然没有一点损伤。

瞽叟和象一计未成，又想出另一阴谋。

这一天，瞽叟又叫舜去浚井。舜又回家告诉了妻子。两个妻子每人送他一柄锋利的铲子。舜下井后迅速在井壁用两把铲子凿了一个洞穴，刚刚凿完，瞽叟和象就搬来土石，往井里填土，填了一阵，听听井里没有动静，以为舜已死去，非常高兴，于是立即跑回家去分赃。

象抢功说："主意是我出的，两个嫂嫂和琴分给我，牛羊财物就给了爹妈吧！"说完就飞快地跑到舜家，拿着琴在那里摆弄，想得到两个嫂嫂的欢心。没想到，舜已用两把利铲把井凿通赶回家来。象见了大吃一惊，非常生气，过了好一阵才说："我正在想念你呢！"

舜丝毫也没有生气的样子，很平静地回答说："如果这样，你一定很懂得兄弟情义了。"

瞽叟和象还不死心。他们又借赔礼之名请舜饮酒，想把他灌醉后杀死。不想此事被舜的同父异母妹妹闻知。她同情哥哥的遭遇，连忙把这事告诉了嫂嫂。当象来请舜时，两个妻子分别送给舜一包解酒的东西，然后舜就去赴宴了。

宴会上，陪酒的人都醉得不省人事，而舜却毫无醉意，这场阴谋又失败了。

经过这几件事以后，舜待父母弟妹更加孝悌友爱。瞽叟和象深受感动，回心转意，一家人从此和和睦睦地过起日子来。

舜用自己的一颗爱心感化有缺点的父兄，为人传为佳话。太史公司马迁赞誉舜说："天下明德皆自虞舜帝始"。

2. 周文王访贤遇姜尚

商朝西方有个叫周的诸侯国。商朝末年，周的国君是周文王。他很敬重有本事的人，多方聘请贤能来帮助治理国家，许多人都来投奔他。

殷纣王看到周的势力越来越强，十分害怕，找个理由把周文王召到首都囚禁起来。周文王的臣子为了搭救文王，搜罗了美女、好马和珍宝献给纣王，并且买通商朝的大臣，请他在纣王面前求情。纣王贪财，又喜欢美女，他得到礼物，便把文王释放了。

周文王获得自由以后，决心治理好自己的国家，以便寻找机会，推翻商朝，报仇雪恨。他看到自己手下虽然已有了不少文臣武将，可是还缺少一个文武全才能够统筹全局的人，帮他筹划灭商大计。为此，他四处留心，八方寻访这样的大贤人。

有一次，周文王外出打猎。在渭水之滨的一条小河边遇见一位钓鱼的老人。老人须发斑白，看上去有七十多岁了。奇怪的是他一边钓鱼，一边嘴里不断叨念："快上钩呀快上钩！愿意上钩的快来上钩！"再一看，老人钓鱼的钩离水面有三尺高，并且是直的，不是弯的，上面也没有钓饵，文王看了很纳闷，就过去和老人攀谈起来。

这老人姓姜名尚，又名子牙，是远古时代炎帝的后代。他曾在商朝的首都朝歌宰过牛，在黄河边上的孟津卖过酒，但由于不会做买卖，尽亏本。

姜尚虽然很有才华，但是在商朝却一直不得重用，真是岁月不饶人，一晃就成了七十多岁的老人，但他还想找一个施展才能的机会。他听说周文王广求贤才，所以到渭水边上来钓鱼，其实是在等贤明的君主来寻访他。

周文王在和姜尚的谈论中，发现姜尚是一个眼光远大，学问渊博的人。他上通天文，下知地理，对政治、军事各方面都很有研究，特别是对于当时的政治形势，分析得头头是道。他认为商朝的天下不会很久了，应当由贤明的君主来推翻它，建立一个新的朝廷，让老百姓能过上舒服的日子。

姜尚的话句句都说到文王心里。他本来就是为了推翻商朝，到处去寻访大贤人，这眼前的姜尚，不就是自己要寻访的大贤人吗？

文王恳切地对姜尚说："我们盼望您很久了，请您到我们那里去，帮助我们治理国家吧！"

说完，就叫手下人赶过车子来，邀请姜尚和自己一同上车，回到城里去。

姜尚到文王那里，先被立为国师，后来又升为国相，总管全国的政治和军事。周文王的父亲在世的时候，就向往着姜尚这样的大贤人了。所以人们尊称姜尚为"太公望"，后来人们干脆把"望"字去掉，就叫他"姜太公"。

姜太公做了周文王的国相。他果然是个栋梁之材，帮助周文王整顿政治和军事，对内发展生产，使人民安居乐业；对外征服各部族，开拓疆土，削弱商朝力量。最后，推翻了商朝，建立了周朝在全国的统治。

3. 周公言教身带论谦虚

周公，姓姬，名旦，是中国西周初期的伟大政治家。因为他的采邑在周（今陕西岐山东北）所以被人称为周公。他不但帮助武王灭掉商朝，武王死后，成王年幼，还由他摄政，管理国家。别看他地位很高，国务繁重，他还是非常重视对子女的教育的。

周公的儿子伯禽被封为鲁国的国君。临行前，周公告诫他说："你不要因为当了国君就骄傲起来而怠慢了士人。我是文王之子，武王之弟，今王之叔，我在国家中地位是不低的，但是我还是"一沐三握发，一食三吐哺"，兢兢业业，谦虚待人，总担心因为自己工作做得不好，而失去天下的士人呢！你到鲁国去，绝对不要因为是国君就看不起人啊！品德高尚而能恭恭敬敬者，必定会发达兴旺；属地广大富庶而能节俭者，必定会安宁；官高位显而待人谦逊者，必定会愈受尊敬；兵多将强而不轻敌者，必能取胜；聪明智慧而又自以为愚者，必能不断进步；学识渊博而又自以为浅薄、虚心学习者，必定能日益增长见识。这六者都是谦虚的表现。所以《易》中说，有一种品德，大足以守天下，中足以守国家，小足以守身，这就是谦虚啊！"

伯禽到了鲁国以后，遵照父亲的教导来对待臣民，治理国家。当时鲁国君臣团结，社会风气也很好。后来，鲁国被人称为"礼仪之邦"。

4. 中山君有感于礼

中山君是战国时期一个小国的国君。一次，他为了拉拢士大夫，巩固他的统治地位，便请在国都住的士大夫来参加宴会。

其中有个叫司马子期的士大夫也应邀赴宴。酒过三巡，上羊肉汤了，每人一碗，唯独到司马子期座前，羊肉汤没有了。司马子期坐在席间，觉得很难堪，于是大为恼怒，退席而走，投奔楚国，劝楚王讨伐中山君，自己做他的向导。楚兵一到，中山君匆匆逃跑了。

在仓惶逃跑途中，有两个手持武器的人，紧紧跟随中山君左右，保护着他。中山君并不认识这两个人，就问："你们是什么人，为什么要保护我呢？"

这两个人回答说："大王您还记得吗？有一年夏天，麦子歉收，我们的父亲饿得躺在大路旁的桑树下边，眼睛都睁不开，马上就要死了。这时您从这儿路过，看到我们父亲的惨状，赶紧下车拿出一壶稀饭，很有礼貌地给父亲喝了，父亲才免于饿死。后来父亲在临终时嘱咐我兄弟说：'中山君救我一命，你们俩要记住，在中山君有难时，一定要以死守卫中山君。'我们俩要与您共患难啊。"

中山君听完后，仰天叹息说："给予人家的东西不论多少，主要是在他真正有困难的时候；失礼得罪人，怨恨不在深浅，在于使人伤心啊。我因为一碗羊肉汤失礼了，结果失掉了国家；因为一壶稀饭救了一个人，在危难之时得到了以死相报的两个人啊。"

5. 燕昭王拜郭隗为师

燕昭王（？—前279），名职，燕王哙的庶子，原流亡在韩，公元前331年即位，在位33年。

燕昭王是在燕国被齐国攻破后即位的。国破后，燕昭王时常往来于废墟之间，悼念战争中死去的勇士，慰问没有父母的孤儿。他自叹能力有限，希望礼聘有才能的人重振国威。

一次，燕昭王对大臣郭隗说："齐国借内乱攻破了我燕国。我深知燕国国小力弱，没有能力复仇。希望能得到天下的贤士，洗国耻，振国威。希望先生能助一臂之力!"

郭隗说:"大王,我听说过这么一个故事:古时候,有个国王,派近臣带千金去寻千里马。这人找到一匹死千里马,便用五百金把马头买了回来。国君大怒,要治罪。近臣跪拜说:'如果天下人知道死千里马您尚且肯买,那么活千里马就会接踵而来。'不满一年,他就得到了三匹千里马。现在大王一定想招贤纳士,就请大王把我当成一匹死千里马吧!"

昭王离座拜道:"先生的话,真乃有理。我就此拜先生为师,敬望多多教诲!"

昭王拜郭隗为师后,专门为郭隗改建了房室,对他恭敬有礼。

天下人都说:"燕昭王为人谦逊,能礼贤下士。"于是,有才能的人纷纷来到燕国。乐毅从魏国而来,剧辛自赵国而来,燕王均封为大臣,并命乐毅为亚卿。

燕昭王 28 年(前 284 年),派将军乐毅攻打齐国,占领 70 多座城市。此时为燕国鼎盛时期。

6. 孟母教子以礼

孟子年幼的时候,他们家离墓地比较近,孟子常到墓地里去玩耍,和小朋友们一起做一些模仿成人送葬一类的游戏。孟母发现这一情况之后,就说:"这不应该是让孩子住的地方啊!"于是就迁居到一个闹市的附近。可孟子在玩耍时又学起小贩子沿街叫卖的事来。孟母说:"这也不是我孩子应住的地方啊!"就又迁居到学校的附近。这时,孟子在玩耍时就学起祭祀、打躬作揖(yī)的礼仪来。孟母说:"这个地方可以让我儿子住了。"于是就在这里定居下来。

后来,孟子有了妻室。一次,孟子的妻子在屋里休息时,将两条腿叉开坐着，孟子外出回来，一进屋看见妻子这个样子，就气哼哼地去找母亲。请母亲允许将妻子休了。这突如其来的事，把母亲弄愣了。便问为什么，孟子回答说："她坐着的时候把两腿叉开，像个什么样子。"孟母追问："你怎么知道她坐着的时候是把两腿叉开的呢？"孟子回答说："是我亲眼所见嘛！"

孟母严肃教导他说："不是你妻子没礼貌，而是你没有礼貌。《礼记》上不是说了吗，要进门时，先要问谁在里面；要上堂时，一定要高声说话；要进屋时，眼睛应该往下看，这样可以使人在没有防备时，不至于措手不及。现在你到她闲居休息的地方去，进屋前也不说一声，使她这样坐着让你看见了，这是你没有礼貌。"

听了母亲的教导，孟子感到很惭愧。

7. 孔子谈破满

一天，孔子带着弟子子路去周代祖庙参观，看到一个制造得很巧妙的陶器，就问看庙的人，说："这叫什么陶器呀？"

看庙的人回答说："这大概就是'座右铭器'吧。"

孔子说："我听说过，这个被名为'座右铭器'的陶器，装满水，它就翻倒，空着，它又歪在那里，只有把水装得正好，它才立着，有这种说法吗？"

看庙的人回答说："是的，正像你说的那样。"

为了弄清真相，孔子叫子路取水来试试。子路取水来试了一下，果然是那样：装满水，它就歪倒在地上，空着，不装水，它就躺在那里，立不起来，只有装得适中，不多不少，它才直立起来。实验完了，孔子长叹一声，说："唉！哪有满了不倒的呢！"

子路看明白了这个"座右铭器"，又问孔子说："老师，您说要

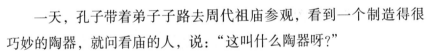

保持不倒，有办法吗？"

孔子回答说："保持满而不倒的好办法，就是要抑制减少水，让它不满，它才不倒。"

子路又问："要怎样抑制减少呢？"

孔子回答说："德高望重的人，就要谦虚恭敬有礼貌；拥有大量财产的人，就要勤俭节约，不奢侈；官大俸禄愈多的人，就要愈保持有所畏惧的态度；见多识广的人，就要保持浅薄无知的样子，倾听别人的意见。能这样做，我想就可以抑制减少'满'的倾覆了。"

孔子以物喻人，指出抑制自满的办法，就是要谦虚，以礼待人。

孔子不但这样去教育学生，而且为人师表，亲自去实践。

一次，孔子问子贡说："你与颜回比较起来，谁好？"

子贡回答说："我怎么敢比颜回！颜回听到一点，就懂得十点；而我听到一点，只能懂得两点。"

孔子说："不如颜回啊，我和你都不如颜回啊!"（颜回也和子贡一样，是孔子的学生）

"三人行，必有我师焉"，孔子的这句至理名言，就是孔子谦虚精神的自我写照。

8. 子思劝卫侯反骄破满

子思名伋，是孔子的孙子，曾子的学生。

一次他到卫国去作客。看到卫侯说话或处理事情不管对不对，他的群臣都异口同声地附和。于是他就对他的学生公丘懿子说："我看卫国可真算是'君不君，臣不臣'了。"

公丘懿子说："您为什么这样说呢？"

子思说："当人君的如果不谦虚，认为自己一贯正确，那么别人就是有再好的意见、再好的办法，他也听不进去。即使事情办得对，也应当听听别人的意见，何况是让别人称赞自己做坏事、助长自己作恶呢！凡事如果自己不考虑是非，只是乐意让别人称赞自己，这样的人再没有什么人比他更糊涂的了；听别人的话如果不考虑有没有道理，只是随声附和，一味阿谀奉承，这样的人，再也没有比他更无耻的了。当国君的糊涂，当人臣的无耻，这怎么能领导百姓呢？我得找时间和卫侯谈谈。"

一天，子思见到了卫侯，对卫侯说："您国家的风气应当改变，否则的话，您的国家将要每况愈下了。"

卫侯惊讶地说："您说说，是什么原因呢？"

子思说："您察觉到没有，您说出话来，自己认为是对的，您的卿大夫没有敢矫正其中不对的地方的。您的卿大夫说出话来，也都认为自己对，而那些士人和百姓没有敢矫正其中不对的。这样一来，你们当君的当臣的都已经自命是贤明的人了，下边的群众也随声附和。赞扬、顺从的人，就会得到好处；矫正、不顺从的人，就会有祸患。像这样，您想想，好事从哪能生出来呢？"

卫侯听完子思的话，起来说："谢谢先生的教导，我今后一定谦虚谨慎，以礼待人，改变风气。"

9. 秦昭王诚请范雎赐教

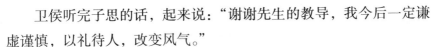

范雎是战国时期魏国人，他辅佐秦昭王，上继孝公、商鞅变法图强之志，下开秦始皇、李斯统一之大业，是一位在政治上、外交上极有建树的谋略家，为秦统一天下奠定了坚实的基础。他不仅是秦国历史上的贤相，也是中国古代不可多得的政治家。

范雎少年时就怀有雄心大志，但是苦于家贫，只好投到魏国大夫须贾门下，希望有朝一日能得以发挥自己的才志。

但是须贾嫉贤妒能，他认为范雎的辩才之能抢了自己的风光，便设计暗害他。在吏卒的帮助下，范雎才抽身逃走。后来靠着魏国人郑安平帮助，藏在民间，化名为张禄。

公元前271年，秦昭王派使臣王稽入魏。这时的秦国，由于变法奠定了富国强兵的坚实基础，又经惠文王等几代人的不懈努力，国势更加强盛。秦国有个传统政策，荐贤者与之同赏，举不肖者与之同罪连坐。因此，秦国的有识之士，时常注意访求人才。

郑安平听说秦国的使臣到来，便冒充贱役，去服侍王稽，想从中代为范雎通融。通过郑安平的引见，再加上和范雎的长谈，王稽发现范雎是个少有的贤士。便把使命交接完毕后，带着范雎，前往秦国。

范雎进入秦国，住在下等客舍，过着粗食淡饭的生活，待命一年多，仍未得到任用。他对秦国大政问题，提出自己的看法，上书秦昭王，秦昭王见书大喜，重谢王稽荐贤之功，传命用专车召见范雎。

范雎进入秦宫，早已成竹在胸，他径直向禁地闯去。秦昭王走来，他故意不趋不避。宦官见这情况，大声斥责他："大王已到，为何还不回避？"

范雎反唇相讥，说道："秦国何时有王，独有太后和穰侯！"这话分明是刺激昭王。昭王听出话中有话，又恰恰点到心中隐痛，赶忙把他引入密室，单独倾谈。

秦昭王毕恭毕敬地问道："先生以何教诲寡人？"范雎一再"唯唯"连声，避而不答。最后，秦昭王深施大礼，苦苦乞求说："先生难道永远不愿意赐教吗？"

范雎见秦王心诚，这才婉言作答："臣非敢如此。未见大王之心，所以大王三问而不敢作答。臣不是怕死不敢进言，臣怕天下人见臣忠而身死，从此缄口不语，裹足不前，不肯向着秦国。"

最后，范雎才点出秦国的政治弊端。

秦昭王听后，推心置腹地说："秦国地处僻远，寡人糊涂。如今能得到先生您这样的贤才，真是三生有幸。从此以后，事无论大小，上至太后，下及大臣，愿先生好好教寡人如何处理，不要有什么疑虑。"

秦昭王从此重用范雎，使得后来的秦国政治、军事、外交活动，确实比以前更加强大和富有生气。

10. 信陵君问计老门吏

战国时期有七个大的诸侯国，齐、楚、燕、韩、赵、魏、秦。特别是秦国，自从商鞅变法后，逐渐强盛起来。于是就想扩大自己的疆土，派大军进攻赵国的都城邯郸，赵国向魏国和楚国求救。楚国出兵八万援赵，魏国派大将晋鄙带兵十万援赵。

秦国得知两国援赵的消息，立即派使者到魏国进行恐吓，说："谁要是援救赵国，等攻下邯郸，我就去打谁!"魏王吓坏了，赶紧给晋鄙下令停止进军。魏国一停止进军，楚国也按兵不动了。邯郸危在旦夕。赵国平原君的夫人是魏国信陵君的姐姐，平原君写信给信陵君说："赵国就要灭亡了，你的姐姐痛哭不已，你能看着不管吗?"信陵君看了信，心中很着急，他请求魏王发兵，魏王始终不答应。

信陵君很气愤地回到家中，对自己的门客说："大王不肯发兵，我只好自己去援赵了，哪位愿跟我一起去?"他手下的门客平时得到他很多恩惠，都慷慨激昂："愿随公子拼命!"信陵君带领门客一千多人出发了。在出都城大梁东门时，信陵君下了车，去向他最尊敬的人，老门吏——侯嬴告别。并说明自己要同秦军决一死战的决心。万万没想到老门吏冷冰冰地说："我老了请公子原谅我。"信陵君出了东门，很纳闷，心想："我平时对他不错，他眼看我去送死连句送别的话都没有，这是咋回事呢?"于是走了好远，他让部队停住，自己又折回东门。

老门吏还在那儿站着，并笑着说:"我知道公子一定要回来的。"信陵君谦恭地说:"我一定有对不起您的地方，特地回来请教。"老门吏说:"公子养门客三千，为什么没一个人替你想个好主意? 而让你去送死呢? 来，我给你出个主意。"信陵君很高兴，随老门吏进了屋，老门吏支开其他人，对信陵君说:"大王最宠的美人如姬，父亲被仇人杀害，是你替她报了仇，如今你让她替你做点事，她肯定会答应!你最好请她把大王的兵符盗出来，这样就不愁晋鄙不听命令了!"

此计甚妙，如姬果然盗出了兵符，交给信陵君。信陵君得到兵符准备日夜兼程去救赵国。老门吏却说:"这样去不行! 晋鄙是一位有经验的老将，你有了兵符，晋鄙未必能及时发兵，他可能派人回都城问明情况，那时全部计划就落空了。我有一个朋友叫亥，擅使大锤，武艺超群，他可以跟您去，如果晋鄙不听您的命令，就让朱亥……"老门吏作了个杀掉的手势。

信陵君拜见朱亥，说明来意，朱亥满口答应。信陵君辞别老门吏，带领朱亥和一千多名门客来到边境魏军大营。晋鄙验过兵符，却不发兵。

晋鄙说:"公子发兵是大事，我还得奏明大王。"信陵君使个眼色，朱亥大喝一声:"晋鄙你想谋反吗?"举锤结果晋鄙性命。

信陵君对部将说:"晋鄙不听王命，已被处死，现在我命令，进军救赵。"

信陵君指挥军马向秦军大营冲去! 秦军措手不及，被杀得大败，退回本国。赵国得救了，信陵君激动地说: "这都是老门吏的功劳啊!"

11. 秦穆公五张羊皮换相国

秦穆公是春秋五霸之一，他为了振兴国家，称霸天下，千方百计搜罗人才。相国百里奚，就是他用五张羊皮换来的。

百里奚是虞国人，从小家里很贫穷，到处漂泊流浪，三十多岁才娶了媳妇，妻子认为他有大才，鼓励他出外谋事。

于是，百里奚先来到齐国，想求见齐襄公，因为无人引见，只好靠要饭过日子。他流落到宋国，遇到了一个叫蹇（jiǎn）叔的隐士，两个人成了好朋友。

后来两个人又到了虞国，经蹇叔的一个朋友推荐，百里奚当上了虞国的大夫。虞国国君因为贪小便宜，不听劝告，被晋国灭掉，百里奚也成了俘虏。

晋献公还要重用百里奚，但百里奚不肯在敌国做官。晋献公有个女儿，嫁给了秦穆公，晋献公便把百里奚作为女儿陪嫁的奴仆，送给秦国。在去秦国的途中，百里奚乘人不注意偷偷地逃跑了。他跑到楚国，没想到刚一进入楚国国境，又被楚国边民捉住了。楚国人把他当做奸细，派他去养牛、看马。百里奚真是事事不如意啊！

秦穆公结了婚，发现陪嫁礼单上有百里奚的名字，却没有这个人，就问去晋国迎亲的公子絷，公子絷说："他是虞国人，是个不肯在晋国当官的亡国大夫。"

秦穆公觉得这个人很有骨气，便问公子絷从晋国带回来的武士公孙枝，公孙枝说："他是个很有本领的人，可惜怀才不遇，无施展才能之地。"

秦穆公听了更加爱惜，于是派人四处寻访，后来打听到百里奚在楚国看马，就准备了贵重的礼品打算送给楚成王，把他换回来。

公孙枝听到后连忙赶来阻止秦穆公说："大王千万不能这样做。楚国人让他看马是不知道他的本领，要是这样去请他，就是要告诉楚王，秦国要重用他，楚王必定不放他出来。"

秦穆公恍然大悟，于是按照当时奴仆的一般价格，派人带着五张黑羊皮去见楚成王，说："老奴仆百里奚在秦国犯了法，现在躲在贵国，请让我们把他赎回去，重重地罚他，为秦公出出气。"

楚成王听了也没有怀疑，就收下了羊皮，命人把百里奚逮住，关进囚车，交给了秦国的使者。

百里奚一进入秦国国境，见大夫公孙枝正在等候迎接，公孙枝陪同百里奚一起到秦国都。秦穆公看到百里奚已经满头白发，没想到这么老了，有些失望地问："先生多大岁数?"

百里奚说："我还不到70岁。"

秦穆公惋惜地说："可惜先生太老了。"

百里奚说："大王如果派我上山打老虎，我确实是老了。如果同我坐下来商议国家大事，我比姜太公还年轻!"

秦穆公觉得他说的话有道理，就邀请他单独深谈。经过几次长谈，秦穆公感到百里奚真是难得的人才，就要请他当相国。

百里奚十分感激，很惶愧地问穆公说："我是一个低贱的亡国俘虏啊，怎么当得起您这样的看重?"

穆公连忙向他解释说："你的情况我很清楚。你过去虽然是虞国的大夫，但虞君并没有很好地任用你。虞国的灭亡，不是你的过错。"

百里奚又说："我是不足道的，我的朋友蹇叔要比我强得多，大王要想干一番大事业，就把他请来吧!"

秦穆公听说有更能干的贤才，就派公子絷把蹇叔请了来，拜蹇叔为右相，百里奚为左相，蹇叔的两个儿子也有很大才能，拜为大夫。

这时，百里奚的妻子带着儿子孟明视也逃难来到秦国，和百里奚相逢了。秦穆公听说孟明视是一员猛将，也拜为大夫。秦穆公做梦也没想到，五张羊皮竟然使他得到两个相国，三个大夫。

穆公重用这些贤才，使秦国很快强大起来，后来称霸于西方。

12. 刘邦敬老得贤臣

秦朝末年，刘邦和项羽兵分两路进军关中，楚怀王心与他们约定，先进入咸阳者为关中王。

刘邦率领大军直捣秦国国都的门户——函谷关。他途经高阳（今河南杞县西边），准备消灭驻扎在那里的秦军。

高阳有一个名叫郦食其（yìjī）的老头，60多岁，酒量惊人。他很有韬略，他看到刘邦是个能成就大业的人，于是就让在刘邦帐下当骑兵的一个乡亲引见，想见刘邦，愿为他效劳。

刘邦答应了。

郦食其来到刘邦居住的驿舍，进到屋里，看见刘邦正坐在床边，让两个女子给他洗脚。

郦食其故意慢慢腾腾地走到刘邦面前，只是作揖并不拜。刘邦看见来人是个60多岁的儒生，心里很厌烦，坐在床边纹丝不动，好像根本没看见有人给他作揖。

郦食其看到刘邦这样傲慢无礼，很生气，高声问道："足下带兵到此，不知是帮助秦国攻打起事的诸侯呢？还是帮助各诸侯讨伐暴秦？"

刘邦听他说话这样随便，明知故问，也不下拜，举止故作斯文，于是大动肝火，大骂道："你真是一个不识时务的书呆子！天下人谁没有尝过暴秦的苦头？天下的豪杰都讨伐秦，我怎么会去助秦？"

郦食其不紧不慢地说："足下如果真心讨伐暴秦，为什么见到年长的人这样无礼？你想一想，行军打仗不能蛮干，要有好的谋略，如果您对待贤人这样傲慢，那么谁还为您献计献策呢？"

刘邦听了这番话，急忙擦脚穿鞋整衣，向郦食其道歉，请他坐在上座，恭恭敬敬地说："先生有何良策，请多多指教。"

郦食其见刘邦改变了态度，虚心求教，便对他说："足下的兵马还不到一万人，就打算长驱攻入秦国的国都，这好比是驱赶着羊群扑向老虎，只能白白送命。依我看不如先去攻打陈留。陈留是个战略要地，城中积存的粮食很多，作为军粮足够用，而且交通四通八达。"

这样，郦食其向刘邦献出了一条妙计。

刘邦非常高兴，请郦食其先行到陈留，然后选派一员大将领一部分精兵赶到。

郦食其来到陈留，见到县令，劝他投降，县令不肯。郦食其在酒宴上把县令灌醉了，然后偷出县衙令箭，假传县令的命令，骗开城门，把刘邦的军队放进去，砍死了县令。

第二天，刘邦的大队人马进入陈留。由于郦食其事先早已为刘邦写好了安民告示，刘邦一进城，就受到百姓的欢迎。

刘邦看到陈留果然贮有大量的粮食，十分佩服郦食其的神机妙算，于是，封他为广野君。

刘邦在陈留招兵买马，军队扩大了将近一倍，最终抢在项羽之前攻入了关中。

13. 蔡邕倒履迎宾

蔡邕（yōng）是东汉时著名的文学家和书法家。公元 190 年，汉献帝迁都长安，蔡邕也一起到了长安。这年蔡邕已 59 岁了，是献帝的左中郎将了，进出常是前呼后拥，车骑填巷，真可谓才学显赫，贵重朝廷了。

当时，山阳高平（今山东省微山县）有个叫王粲（càn）的人，幼年时特别喜好读书，精通古代文学以及秦汉以后的诗文，并且练就了写作基本功。王粲向人借钱买了一些纸张，在街头设案代笔，很受老百姓的欢迎。很多家人在外做生意未归的，在边关服役未满期限的，或有打听亲朋旧友下落的，或商量两家儿女婚姻期限的，都来请王粲代笔写信。他的信写得十分出色，很擅长模拟发信人的口吻，将事情原委讲得清楚明白，读信人见信如面，亲昵之情跃然纸上。有一位弃妻出走的丈夫，在外地收到妻子的信，不禁失声痛哭，深深被妻子的痴情所感动，终于归来，与妻子破镜重圆。还有一位青年和尚，收到老母家信，信中尽述母亲度日之艰难，晚景之凄凉，顿生愧疚之心，毅然退出佛门，重返尘世以尽孝心。

这一消息不胫而走，人们纷纷传说京城出了个"王铁笔"。

有一天，这事终于传入了高门大户，被蔡邕知道了。他听说一纸书信竟能使和尚还俗，感到诧异，便急忙对仆人说："快去请那位'王铁笔'来，我想看看他到底有没有真本事。"

一天，蔡邕正在花厅里看书，仆人进来禀报说："大人，那个人找到了！"

"快请他进来！"

仆人把王粲领进来，这位50多岁的左中郎笑了："哎呀，没想到你竟是一位少年，我还以为是一位年过花甲的老先生哩！快快请坐！"

王粲地位低下，不敢入座。蔡邕说："我今天以文会友，何必客气呢！"王粲连连称谢。主人一边吩咐给客人看茶，一边谈起了文章之道。在交谈中，蔡邕发现，这位少年对答如流，显露出惊人的文学才华，他非常高兴。当问及王粲的家世，老人家眉头一紧，缓缓地说："我想请你答应两件事，不知可否？"

"大人请说吧。"

"第一件事，请你今后常来，我们可以多多切磋、商讨。第二件嘛，请你给我这个花厅写一首诗。"

王粲思索了一下，挥笔写下了一首诗，连连说："我这是班门弄斧，献丑了。"

蔡邕看也没看，便命仆人取20两银子，作为酬谢。他这是变着法子周济王粲呢！

从这以后，他俩成了忘年交。

有一次，蔡邕设宴请客，门外车马喧闹，室内高朋满座，都是一些有头有脸的人物。不一会儿，仆人凑近蔡邕的耳朵，低声说："门外王粲求见。"蔡邕立刻亲自跑出去迎接，慌忙中，鞋子竟穿倒了。众人见主人如此慌慌张张的样子，以为必是有什么社会名流驾到，大家纷纷起立，不料来的人却是一个布衣少年！

从此，蔡邕礼待布衣，"倒履迎宾"的故事便流传开来。王粲后来成为东汉"建安七子"之一，是个著名的文学家。

14. 孔融争死留美名

东汉桓帝延熹年间，张俭被太守翟超聘为东部督邮。督邮是郡守的辅佐之官，掌管督察纠举所属县的违法之事。张俭为人正派，刚直不阿，是敢于处置不法的官员。

汉灵帝即位后，张俭就上书参奏宦官头子中常侍侯览种种不法之事，揭发他包庇罪犯，贪赃枉法。

张俭的奏章落到了侯览手中，侯览暗中把它扣押下来，又指使手下的爪牙朱并，让他上书诬告张俭，说他和同郡的二十四个人结党谋反。汉灵帝就下令逮捕张俭治罪。

张俭得到消息，就逃出京城，望门投止，也就是见有人家就去投宿，求得暂时的存身之处。

这一天，在差役严密追捕之下，情况十分急迫，张俭就逃到了孔褒家。孔褒是孔子的后代，从小就受到儒家思想的教育，张俭和他认识，认为这里更可靠，就想先到那里暂避一时。

张俭来到孔家门前，手打门环。听到叩门声，从里面走出一个十五六岁的少年来，他就是孔褒的弟弟孔融。

孔融也像哥哥孔褒一样，从小有良好的家庭教育，受过家传的儒家思想的熏陶，懂得虚己待人。他四岁的时候，跟兄弟们一起吃梨，他就专挑小的，把大的让给别人，这就是流传至今的"孔融让梨"的故事。十岁时就已经又聪明又有才学了，能当面驳倒太中大夫。

这回出门一看，见是一个陌生人，就有礼貌地问道：

"先生找谁？"

张俭回答说："这是孔褒的府上吗？我和孔褒是朋友，今天前来拜访他。"

孔融一听是哥哥的友人，就连忙把他让进屋中，对他说：

"家兄今日不在家，出门访友去了。"

张俭一听，立刻显得有些紧张，他看孔融还是个少年，怕他担不起事，就没把自己被追捕的事告诉他。但张俭坐立不安、心神不宁的样子，孔融早就看在眼里，就直截了当地说：

"张先生的事，在下已有耳闻。张先生凛然大义，弹劾侯览。今遭诬陷，逃难在外。家兄不在家，我可以做主收留你，就请张先生屈居寒舍。"

孔融就留张俭住了下来，这个消息不知怎么传了出去，有个势利小人就偷偷地向官府告了密，说是孔家收留了张俭。

官府中有的差人平时就仰慕张俭公正无私，痛恨侯览为所欲为，就把官府要来捉拿张俭的消息，通报给了孔家。

孔氏兄弟得到消息后，就与张俭商量对策，决定连夜逃走。官府没有抓到张俭，就逮捕了孔褒、孔融兄弟二人。

在大堂上，大理寺的廷尉审问道："张俭是朝廷缉拿的罪犯，你们竟敢窝藏，现在逃到了哪里，从实招来。"

孔融连忙说道："张俭是我收留的，与我哥哥无关。张俭到我家那天，哥哥出外访友，并不在家，请大人明察。我甘愿承担全部罪责，一人做事一人担，我死而无怨。请放回我的哥哥。"

孔褒没等弟弟把话说完，就打断他的话说：

"张俭是投奔我而来，放走他的也是我。孔融尚在年幼，况且他只在家中读书，并不知道张俭之事。承担罪责的完全应该是我，与弟弟毫无关系。"

兄弟二人在公堂上互不相让，都坚持承担罪责，经过几次审问，口供始终如一，弄得廷尉一时也难于定案，只好申明朝廷。皇帝认为孔褒年长，又与张俭相识，就下令斩孔褒以定罪。

生，是人共有的欲望，为了能让别人活下去，自己宁肯去死。这种精神正是儒家所一贯倡导的，孔氏兄弟争死的壮举，正是这种精神的具体体现。

15. 陶谦让城不传子

东汉末年，军阀纷争，战乱不已。当时的徐州刺史陶谦宽厚容让，廉洁贤明，深得官民的拥戴。陶谦感到自己年事已高，应当选一个有才能的人，早日接替自己，为徐州百姓造福。他有两个儿子，但都不成器，没有能力，又不宽容。他认为让他们接任，会给徐州百姓带来灾难。

有一年，陶谦的部将张闿杀了曹操的父亲曹嵩，曹操就亲率大军攻打陶谦，扬言血洗徐州。刘备和孔融应陶谦的请求，带兵前去救援。刘备英勇善战，舍死忘生，打退曹军，首先进入了徐州城。

陶谦早就听说过刘备礼贤下士，宽宏大度，今日一见，更觉得他胸怀大志，出语不凡，决定把徐州让给他管辖。就命人把徐州刺史的官印取来，双手递给刘备。

刘备愕然，慌忙起身离座，连连摇手，说："您这是什么意思？"

陶谦诚挚地说："现在天下大乱，生灵涂炭。你才能卓越，又年富力强，正是为国为民尽忠出力的时候。我已年迈，又缺少能力，情愿将徐州相让。请你接受我的委托，收下印信。我马上写表，申奏朝廷，望你不要推辞。"

刘备听后，坚决地说："我功微德薄，现在担任平原相还担心不称职，怎么敢接受徐州之任。我本为解救徐州而来，现在让我得到徐州，是陷我于不仁不义之地。您莫非怀疑我有吞并徐州之心吗？万万不能从命。"

陶谦再三相让，刘备坚辞不受。谋士们说："现在兵临城下，还是商议退敌之策要紧，等形势稳定下来，再相让不迟。"陶谦只好暂时放下此事。

刘备写信给曹操，劝他讲和。曹操正好接到报告，说是吕布已经袭取了兖州，占领了濮阳，正向自己的大本营进军，就趁势给刘备个人情，撤军而回。

在庆功宴结束以后，陶谦又请刘备坐于上首，当着众人的面，第二次提出让贤，他说："我已风烛残年，两个儿子缺少才能，担任不了国家重任。刘公德高才广，又是汉朝王室的后代，我认为由他担任徐州刺史，最合适不过了。我情愿拱手相让，闲居养病。"

　　刘备接连摇头，说："我来救徐州，为的是急人之难，现在无缘无故地据而有之，普天下的人就会认为我是乘人之危，说我是无仁无义之人。那我只好告辞了。"

　　陶谦流着泪说："你若不答应，离我而去，我是死不瞑目啊。"

　　孔融、刘备、陶谦的部下，都劝刘备接任。张飞快言快语地说："你又不是强要他的州郡，是陶刺史好心相让，何必苦苦推辞。"但刘备执意不受。最后，陶谦只好说：

　　"刘公一定不肯答应，那就暂时放下这件事。不过，在这附近有座小城叫小沛，请你暂在那里驻军，帮我保卫徐州，不要再回平原了。"刘备勉强答应了这个请求。

　　不久，陶谦忽然患了病，而且一天比一天沉重。他知道将不久于人世，决定第三次向刘备提出让徐州，就以商议军务的名义，派人从小沛把刘备请进府中。

　　刘备赶到时，陶谦已经奄奄一息，他紧紧握住刘备的手，说："请刘公来，就是让你接受徐州印信，你还要以国家为重。由你来治理徐州，我死也瞑目了。"

　　刘备说："您有两个儿子，为什么不传给他们?"

　　陶谦说："他们缺乏治理政事的才能。我死后还希望你好好教导他们，但万不可传位于他们。"刘备还要推托，但见陶谦手指胸口，慢慢地咽了气。

　　徐州官民遵照陶谦的遗言，一致拜请刘备接受官印，刘备推辞不了，只好答应暂时管理徐州。

　　刘备决心匡扶汉室，但不掠人之美；陶谦为了徐州百姓，真心让城，不传给儿子。他们两人可算是遵行谦恭礼让的两面镜子。

16. 张仲景千里寻医

张仲景——东汉末年著名的医学家，著有《伤寒杂病论》一书，在这部著作中，他比较系统地写出了中医的学术理论，而且开列了当时认为最有疗效的代表性药方 113 个；他还首次提出了人工呼吸的抢救方法，这在当时是一个伟大的创举，被称为中国一绝。

有一年的春天，张仲景的弟弟要出远门做生意，为了预防不测，他对哥哥说："你先给我看看，近期内能不能生病，如果有大毛病，我就不去了。"张仲景给弟弟把把脉，看看舌苔，说："现在没什么病，就怕明年，背上要生疮，叫搭背疮。"弟弟接着说："背上生疮，很重吧？那我只好不去了。"哥哥说："不用犯愁，我给你开个药方带上，背上一疼，马上抓药吃，然后它就会移到屁股上去，没有什么大的妨碍，以后，谁能认出它来，你便可让他医治。"

带着哥哥的药方和嘱咐，弟弟到湖北做生意去了。转眼一年过去，果然不出哥哥所料，他觉得背上疼痛难忍，急忙照哥哥开的药方抓了药用水煎一煎服下去了。没过几天，屁股上便拱出了疮包，背上不再疼痛，红肿也消失了。他照哥哥的话又找人医治，没一个人能看出是搭背疮。

有一天，弟弟来到了襄阳城，一抬头看见一所药店，便进去瞧瞧，店堂里有一个老者正眯缝着眼睛坐在那儿，他就是坐堂先生，人送外号"王神仙"。弟弟就请他给看看，看罢，他哈哈大笑说："这本是搭背疮，怎么会跑到屁股上了？怪哉，怪哉！"弟弟说："这是我哥哥移的。""他既然能移位，说明他能治好这病，为何不让他治？""他在家乡河南，所以不可能让他治呀。"听了此话，王神仙说："那你先吃我几副药，再贴几贴膏药吧！"

没过多久，弟弟的病治好了。他非常高兴，便提笔疾书，给哥哥写了一封信，信中尽述治病经过。张仲景接到弟弟的信，十分惊诧。他想，果然天外有天，这王神仙一定有回春妙手，手到病除的本领，我一定要去向他学习高超的医道，哪怕路途遥远，坎坎坷坷。

主意打定，他便向襄阳出发了。一天，张仲景来到了襄阳同济堂门口，他对伙计说是要找药店坐堂先生加老板王神仙。那王神仙听说有人找他，便出来问道："找我何事？"张仲景想了想说："我是从河南来的，生活无依无靠，请先生容我在这儿帮个忙混口饭吃。"王神仙见他面目倒还清秀惹人怜爱，便说："我这里人手也不怎么足，不过尽是些苦活，晒药制药什么的，你能干了吗？"张仲景说："能干，能干。"于是王神仙便收留了他。

打那以后，张仲景早起晚睡，十分勤快，脑袋也灵敏，许多草药名称听过一遍全能记住，一般药性病理一听就懂，所以王神仙十分器重他。王神仙见他如此灵性，就让他给自己当助手，看病抄方，配合默契。

有一回，一位老大爷牵着毛驴来接王神仙给儿子看病，说是得了急症，王神仙一早就出去了。没有多久，那老头又回来了，带着王神仙的药方抓药。张仲景看看方子，又问问病人情况，马上明白病人是生了虫子。不过，他发现那味能毒死虫子的藤黄开得太少，药量小不但不会毒死虫子反而会折腾病人，还有肠穿孔的危险。

怎么办呢？张仲景想了一会儿果断地加大剂量，然后随老头一起到了患者家，对王神仙谈了自己的见解，王神仙连说："对，对！不过，你到底是何处高人，有如此见识？"张仲景便对他说了实话，从此，他的医术越发高超，人也越发出名了。

17. 孙权知错认错

三国时吴国的张昭（张子布），是个两朝开济的老臣，他在孙权面前从来是直言不讳的，因此获得孙权的信任，也因此产生了矛盾。

有一次，远在辽东的公孙渊派人递降表，孙权一看，高兴极了，马上派张弥、许晏两人去拜公孙渊为燕王。张昭听了，马上阻止说："公孙渊背叛了魏国，怕因此受到征讨，所以才远道来求我们援助，归顺不是他的本意。如果公孙渊改变了主意，打算重新获得魏国的谅解，就会杀人灭口，这两个使臣肯定回不来了。那样的话，不是白白送了他两人的性命而叫天下人耻笑吗？"

孙权说出自己这样做的想法，张昭一一加以驳斥。这样反复了几次，张昭一次比一次态度坚决，言词非常激烈。孙权说不过张昭，觉得面子上过不去，就变了脸，拔出宝剑怒气冲冲地说："吴国的士人入宫则拜见我，出宫则拜见您。我对您的倚重也到了无以复加的程度，可是您却多次在大庭广众之下让我难堪，我真担心有一天会因为不能容忍而杀死了您。"

听了这些，张昭既没慌张又没退缩，他非常镇定地说："我之所以明知道您并不按我说的做，还满腔热忱地来规范您，是因为常常想到太后在临终时发出的遗诏，叫我精心辅佐您啊！"

说完，泣不成声。孙权见状也感到伤心，把宝剑扔在地下，和张昭相对而泣，但是孙权很固执，没有因此采纳张昭的意见。仍旧派张弥和许晏到了辽东。

张昭见孙权不听劝告，非常恼火，回府以后，就称病不理国事。孙权对他这样做很生气，干脆派人用土堵住了他的府门，表示永远不再用他为官。张昭看孙权把他家门堵了，非常气愤，他也不示弱，索性在院里用土封住了门，表示永远不出门为孙权办事。

张弥、许晏按照孙权的意图，来到辽东，公孙渊果真变了卦，把他们俩给杀了。

孙权万万没想到真让张昭言中了，他很惭愧，觉得对不住张昭，派人运走了堵在张昭门口的土，几次向他赔礼道歉，可张昭不理。派人前去，都吃了闭门羹。

怎么办呢？孙权灵机一动，派人放火烧张昭府上的大门。他想，大火一着起来，张昭还不往外跑？到那时，自己不就看见他了吗？

孙权觉得自己主意不错。可是，张昭看见孙权放火烧门，索性把大门关死，等着大火把他烧死。孙权一看这招不灵，大惊失色，真怕火着起来把张昭烧死。于是，下令扑火。

孙权在门口暗暗责备自己，恨自己办错了事，伤了这位股肱之臣的心。张昭的儿子一看再僵持下去也太不像话了，就连劝带拉硬逼着父亲去见孙权。孙权一看张昭终于出了门，就诚恳地请他到宫中一叙。

张昭来到宫里，孙权向张昭承认了错误，并表示今后要尊重他的意见，搞好君臣关系。张昭见孙权这样诚心诚意，满肚子的闷气顿时一扫而光，就又竭尽全力地协助孙权治理国家。

18. 王翱焚书教子孙

明朝英宗皇帝时，有位吏部尚书，名叫王翱。他一生勤勉正直，襟怀坦白，是当时有名的贤臣。

有一回，王翱办事有功，受到英宗的称赞和奖赏。退朝之后，明英宗的心情还很兴奋，越想越觉得王翱这人不错，自己对他的赏赐太少了。于是，英宗下旨，给王翱的第二个孙子授予了一个监生的位置。

王翱再三推辞，说自己尽心职守本来是应当应分的事情，怎么敢一再受额外的恩宠呢？但英宗认为忠诚有功者不赏，国家就没有清正的风气。所以，王翱的二孙子就进了国子监。

第二年秋天，正赶上三年一次的乡试，二孙子有意参加考试，打算考一个实实在在的功名，也好让祖父安心。可是，他又怕万一考不好，误了自己的前程不说，还丢了祖父的脸。

因此，他就私下去活动了一下。很快，有人就为王翱的孙子办了一份证明文书，凭着这份证明文书，就可以去找主考官，保证在考试中取得优等的成绩。他把文书拿去给王翱看，以为祖父准会夸他能干，没想到，王翱一见文书，立刻把脸沉了下来。

"你怎么可以做这样的事呢？"王翱严厉地责问他。

"这并不是靠贿赂、收买得来的呀。只是他们看重我的学问，向考官做些说明罢了。这里没有一丝一毫见不得人的事啊！"

"我做了一辈子官，官场上的勾当难道我还不清楚吗？要不是大家看我的面子，怎么会给你开出这样不合规矩的文书呢？假如你只是个地方上的穷书生，他们能为你做这些事情吗？"

二孙子低下头去，不敢再争辩。王翱也缓了缓口气说："孩子，你立志科举，这是件好事，我当然赞成。如果你能够凭真才实学去考取，我是绝不会让你埋没下去的。可你要是凭这份文书考取优等，那我要为你感到羞耻。你想想，你自己生在名门，年纪轻轻就有了监生的地位，而那些贫穷的书生苦苦读了多年的书，想通过考试得到一个功名。你这一张文书就能把他们顶下去，也许从此断送了一个人的前程，难道你忍心这样去做吗？"

听了这一席话，二孙子羞得无地自容，他向王翱承认了错误，并表示要记住这个教训。

王翱这才高兴起来，他把文书举到烛火上点燃，一边看着火苗，一边又对二孙子说："要记住，七尺男儿生在世上，要活得光明正大，堂堂正正！时刻都要以诚实正直来勉励自己，凡是自己不该得到的东西，决不要去索取；凡是自己力所不及的事情，也不要凭着侥幸的心理，勉强去做，这样，你才能称得上是个君子。"

19. 刘备三顾茅庐

刘备投靠荆州刘表，屯驻在新野。多年来寄人篱下的动荡生活，使刘备很难实现政治抱负。这时渴望建功立业的刘备，决心寻求有远识的人辅佐自己，以便尽早摆脱势单力孤的困境，扩充自己的实力。

一天，当地的名士司马徽对刘备说："能看清天下大势的，是那些有真才实学的英雄俊杰。我们这里的'卧龙'和'凤雏'就是这样的俊杰。"刘备忙问："他们都是谁？"司马徽说："这二人是诸葛亮和庞统。您得到二人当中的一个，就可以成就一番事业了。"

建安十二年（207年）初春，刘备决定亲自拜访襄阳隐士诸葛亮。

当时，二十七岁的诸葛亮正在襄阳以西的隆中隐居。这位有政治抱负的青年，常把自己比作管仲和乐毅，立志要干出一番事业来。他虽然躬耕隆中，但却苦读经史，熟知天下兴衰的道理，还潜心钻研兵法，兼备将才。同时，他也时刻注视着现实政治斗争的形势。

为了拜见诸葛亮，刘备带领关羽、张飞到隆中一连去了三次。前两次都没有访到，刘备仍不肯罢休。第三次去的时候，终于如愿以偿，在草庐见到了这位才华出众的年轻人。刘备说："久慕大名，两次拜访，未能相见。今日如愿，实平生之大幸。"

诸葛亮说:"蒙将军不弃,三顾茅庐,真让我过意不去。亮年轻不才,恐怕有失厚望。"

刘备诚恳地说:"现在汉瓦解,群雄混乱,奸臣专权,主上蒙尘。我不度德量才,想伸张大义于天下,完成统一大业,振兴汉室。由于智术短浅,屡遭失败,至今一无所成。不过,我的壮志并未因此减退,仍然想干一番事业。望先生多多指教。"

刘备的谦虚态度使诸葛亮很受感动,于是,诸葛亮便将天下形势向刘备作了一番精辟的分析,为刘备筹划了实现统一的战略和策略,勾画了三国鼎立的蓝图,既高瞻远瞩,雄心勃勃,又脚踏实地,切实可行。

刘备认为诸葛亮是他所寻找的最理想的辅弼人才,就恳切地请他出来帮助自己。诸葛亮为他诚挚的态度所打动,决心辅佐刘备创建大业,实现安国济民之志,就毅然随刘备来到新野,共商军机大事。

刘备为求贤才诸葛亮,三次亲顾茅庐,求得大贤,成就大事。三顾茅庐也成为千古佳话。

20. 华佗行医谦虚谨慎

三国时期著名的神医华佗,少年时代曾跟一位姓蔡的大夫学医。他聪明勤奋,深得师傅赏识。有一天,师傅把华佗叫到跟前说:"你已学了一年,认识了不少草药,也懂了一些药性,以后就跟师兄去学抓药吧!"

华佗到了药铺,不料师兄们欺他年幼老实,就是不许他摸秤。他每天只能为师兄包药捆绳,干些零碎杂活。但又不好马上向师傅告状,怕影响兄弟间的关系。

华佗是个有心的孩子。每当师兄把药称好，让他包装，他就看看药单，再把药包用手掂一掂，记下它的重量。等闲下来时，再把药包打开，用手掂一掂每一味药的重量。这样，日子久了，他手上的功夫越来越熟练了。

华佗出师以后，自己去各处行医，仍然保持谦虚谨慎的作风。他的母亲就是患了不治之症而死的。因此，他深知医道永无止境，非得时时学习，不断充实自己才行。

有一年，一位乡下农民害了病，请华佗治疗。那位病人皮肤黄了，眼珠也黄了，华佗诊了脉，看了舌苔，对病者的家人说："依我的经验，这病没法子治了，早日准备后事吧！"说完，长叹一声，背起药箱离去了。

过了一年多，华佗又过此村，仍惦记着那户人家，便前往探视。他想询问一下病人死去的情形，对家人是否有所传染。不料，进了门大吃一惊，原来那位病人活得好好的，身体已完全康复。

华佗急忙问他请过哪位名医，又是如何治疗的。病人回答说："未曾有人来医。"华佗深感奇怪，又急问他都吃过什么药物。

病人长叹一声说："唉，不瞒先生，当时本地正闹饥荒，家里连饭都吃不上，哪有钱去买药呢？家里的人都到很远的地方挖野菜去了，我一个人走不得长路，就在附近寻找野菜。结果常见的野菜挖光了，我就在一片片坟地当中啃吃刚刚拱土的蒿苗……"

"吃了蒿苗觉得怎样？"

"味道不大好。不过吃得日久，身上的黄褪了，能走路了，我就边走边吃，追赶家人去了。"

华佗听后，让他带自己去看个究竟。华佗就按他的指点，拔了许多青蒿。然后带上青蒿，立刻动身到外地寻找类似的病去了。

他跋山涉水，到处打听，终于找到了害黄病的患者，便亲自熬药端汤，观察疗效。然而过了几天，病状并未减轻。华佗深感诧异，于是第三次故地重游，决心弄个明白。

原来，那位农民啃青蒿是在正月，蒿苗刚刚冒尖。而华佗采高已在二月，蒿苗都已长高了。

第二年正月，华佗及时采集了蒿苗，赶往病人住处。幸好人还没死，可以检验药效了。

服了药，那病人果然好转。华佗松了一口气，说："由于我调查不细，险些拿人命开玩笑啊！"

后来，他又经过多次实验与比较，才把自己的发现总结出来，并给新药命名为茵陈。

21. 戴逵幕后听评

戴逵（？—396）东晋学者、雕塑家和画家，字安道，谯郡铚县（今安徽宿县）人。他为瓦棺寺塑《五世佛》，和顾恺之的壁画《维摩诘像》、狮子国（今斯里兰卡）送来的玉佛，在当时并称"三绝"。他在艺术上取得的成就，和他虚心以人为师听取意见是分不开的。

戴逵在为瓦棺寺塑《五世佛》之前，曾为会稽山阴（今浙江省绍兴县）灵宝寺作木雕无量寿佛及胁侍菩萨。这尊六尺高的无量寿佛木像，是戴逵精心制作的成功作品，但他还不满足，为了吸取众人智慧，使作品在艺术上达到炉火纯青的佳境，他邀请了许多人欣赏木像，并随意品头品足。可是事与愿违，欣赏木像的人们当着戴逵的面尽说些悦耳的话，提意见轻描淡写。这怎么能行呢？戴逵征求意见是诚心诚意的，于是，他灵机一动便藏在木像后面的帏幔里偷听。凡是欣赏木像的人对木像提出的缺点，戴逵都一一记下来，等人们散去，就进行修改。如此三年，直到欣赏木像的人提不出意见了，他才将木像送到灵宝寺。

由于这尊木像集众人智慧反复修改完成，因此，其雕刻水平达到了无与伦比的地步。吸引前去参观的人络绎不绝。山阴太守、大名士郗超也慕名前往观看。这尊木像一直保存到唐朝，那时的一些著名画家、雕塑家还前去观摩学习。

22. 贾思勰请教牧羊倌

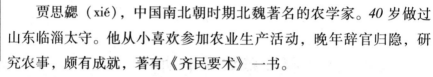

贾思勰（xié），中国南北朝时期北魏著名的农学家。40岁做过山东临淄太守。他从小喜欢参加农业生产活动，晚年辞官归隐，研究农事，颇有成就，著有《齐民要术》一书。

20岁那年，贾思勰对养羊产生了兴趣，于是每天早晨把羊放出去，羊就自己找草吃，草是不必花钱的，他养了二百多只，结果到了冬天，羊死了一大半，而活下来的又瘦又弱，毛也干干巴巴，没一点儿光泽。这可怎么办？去向牧羊人请教吧。

第二天他早早起来，找到了羊倌，羊倌对他说："一到冬天，饲料不足，营养不够，羊自然会饿死。"

第二年，他种了几十亩大豆，把草料准备得足足的。可是到了冬天，羊又死了不少。他决定还是去请教请教有经验的人吧。他走了一百多里路，找到一位年纪更大的牧羊人，这个人已有40年的养羊经历了。

老牧羊人听了贾思勰的来意后说："你的大豆是怎样喂羊的？"他说："我把它撒在羊圈里了，羊可以随便吃。"牧羊人说："那怎么行呢？羊这东西最爱干净，羊圈里又是屎又是尿，豆子撒上去，羊也不会吃，它们宁可饿着。"

回村后，贾思勰按照老牧羊人的意见打制了食槽，吊在较高的位置上，羊要伸长了脖子才能够着。每次只喂一点点大豆，吃完了再放，一天定时喂。他又用桑树围成一个圆形的栅栏，里面堆放饲草，使羊爬不上去，只能围着草栅栏转。如果饿了就从空隙往外抽草吃，能吃多少就抽多少，一点不浪费。草栅栏有一丈多高，下边的草吃完了，上部的草就自动往下降，很省事。

冬天过去春天又来了，一只羊也没死，羊毛又密又软，油光瓦亮，他高兴极了。然后他总结出了经验：养羊，关键是越冬，熬过冬天，春风吹绿大地，小草又长新绿的时候，羊就又有吃的了。

以后，贾思勰多次向羊倌请教，并在实践中摸索了许多有益的经验，不但知道冬天怎样养羊，也了解和摸索出了春夏秋三季养羊的经验。

春天草嫩、但短小，羊不能老停留在一个地方吃，要边走边吃，赶着它走，不然草根啃光了，来年就没得吃了。

夏天天气热，要趁早晨凉爽，早点儿放牧，中午太阳毒，就找个荫凉的地方让羊歇着。吃早不吃晌，中午还不能顶着烈日赶羊走路，灰尘与汗水混合，到了秋天羊就会得皮癣。

到了秋天，羊要晚些出来，早晨霜大露大，羊吃了太凉的草会闹肚子。

在实践中贾思勰还有了独到发现。以后他又研究了花椒、大蒜、粘谷子等农作物的生长。晚年，他把一生积累的农事经验编著成《齐民要术》一书，对后来的农业生产指导极大。

23. 王方庆向下属求教

唐初，太子左庶子王方庆为东都留守，即洛阳地区的最高行政长官。当时有个著名的学者徐坚西，学问十分渊博，而且文章写得又非常好。王方庆特别敬重有才华有能力的人，于是就让徐坚西做自己属下的判官，专门负责府里的公务工作，即处理公文、给朝廷写奏章等一些事务工作，王方庆一概委托给徐坚西来办理。徐坚西办事干练，表章奏报朝廷以后唐高宗看了非常满意，因此王方庆特别信任他，也非常钦佩他的学识。

王方庆的学问也很深，他自幼攻读经史，做了镇守使之后，也是手不释卷。王方庆特别喜欢读《三礼》这部典籍，可是《三礼》这部书的内容古奥艰深，有不少地方看起来不太明白，怎么办呢？然而他根本不考虑自己身居要职，十分谦虚谨慎，善于虚心向别人学习，在看书学习中遇到有不明白的地方就向别人请教，不把不知以为知，直到弄懂为止。无论职位比他高的人还是比他低的人，甚至是自己的部下，他都虚心地向他们请教。徐坚西当时就是他属下的一个判官，是一个公务人员。可是王方庆知道他学问比自己渊博，而且精通《三礼》，因此十分敬佩他的才华。王方庆带着《三礼》，像个小学生似的亲自到徐坚西那儿，恭恭敬敬地向他请教。王方庆诚恳地向徐坚西提出了很多疑难问题。徐坚西对于王方庆提出的问题也做了一一的解答，从而帮助王方庆解决了许多疑难问题，当有个别问题还是听不懂的时候，王方庆毫不隐讳地继续向徐坚西请教，直到弄懂为止。这样，长此以往，两个人的友情也因此更加深厚了。

24. 周昉撤幄改画

周昉（fǎng）是唐朝著名的宗教和人物画家。他画的佛像，容貌丰腴，色彩柔丽，酷似现实生活中的人物，绘画史上把这种宗教画的风格称作"周家样"。

周昉的学习和创作态度是严肃认真的，尤其是在获得很大声誉，成为著名画家以后，仍能虚心学习，精益求精。据记载，唐德宗曾经命周昉画章敬寺的壁画，他为此而费尽心血，甚至在梦中也进行艺术构思。画草图时，他特地撤掉幄帐，以便于群众观看、指点。章敬寺接连京城东门，各界人士，熙熙攘攘，大家争相观看周昉的画稿，并在旁边品头评足，议论纷纷。有的人在赞叹绝妙之处，有的人指出工夫没到的地方，大家都帮着周昉去粗取精。周昉虚心地听取群众意见，不断进行修改。

整整经过一个多月，画稿越改越好，观众的意见越来越少，以至谁也挑不出毛病了，他这才按着改定的草图，一口气画出来。画成之后，人们赞不绝口，推之为第一流的作品。

周昉在绘画方面刻苦钻研，并且善于汲取群众智慧，使得他的造诣终于超过驰誉远近的大画家韩干。周昉画的人物肖像画，有"兼得神情"之誉。

有一次，郭子仪的女婿赵纵请韩干给他画像，画成后大家一看，都说画得好极了。出于好奇心，赵纵又请周昉再画一幅。画成后，郭子仪把两幅画分别挂在座位两侧，反复衡量，到底哪一幅画得更好，可怎么也分不出高低上下。

过了几天，赵纵的妻子回娘家来了，郭子仪便指着画问道："画的是谁？"女儿答道："赵郎！"父亲又问："你看哪幅画画得最像？"回答道："画得都很像，可是后画的这幅更好。因为先画的那幅只画出了赵郎的状貌，后画的这幅则进一步画出了赵郎的气质风度。"（后者正是周昉的作品）听了评论，郭子仪高兴地说："今天才分出了这两位画家的高低呀！"

后来，郭子仪把女儿的话学给周昉听，周昉连连摇头，说："哪里，哪里，和韩干比，我的画功还差呢！"

周昉的人物画，不但形似，而且传神。相传《簪花仕女图》和《纨扇仕女图》都是他的杰作。

25. 李白不敢题诗黄鹤楼

李白是一位伟大的浪漫主义诗人，读了"欲上青天揽明月"、"天生我材必有用"的诗句，在被诗人的浪漫气质打动的同时，会产生一丝李白挺狂傲的感觉。其实，在创作上李白倒是很谦虚的。

这话还得从黄鹤楼说起。

黄鹤楼耸立在武昌长江边上，登楼远眺，汉阳城历历在目，鹦鹉洲芳草萋萋。多少诗人被眼前景色所动，诗兴大发，挥毫泼墨。

李白原在长安，因高力士等人屡向唐玄宗进谗言，才上表辞官，遨游山水的。

正值暮春时节，李白在朋友的陪同下，到黄鹤楼游玩。李白凭栏眺望了一回江景，就倒背双手，仰脸阅读楼上的题诗。读了一些，不觉怦然心动，提笔凝思，正待书写，忽然看到崔颢的题诗：

昔人已乘黄鹤去，此地空余黄鹤楼。

黄鹤一去不复返，白云千载空悠悠。

晴川历历汉阳树，芳草萋萋鹦鹉洲。

日暮乡关何处是，烟波江上使人愁。

"唉——"李白感叹一声，说："崔颢的诗写得太好了。眼前有景道不得，崔颢题诗在上头。"竟搁笔不写了。

李白不敢题诗的消息一传开，武昌城的文人议论纷纷，说："想不到李白这位笑傲王侯的大诗人，竟然还是一位敢于承认自己不足的谦逊的人啊！"

26. 柳公权除满破骄自成一家

柳公权，中国唐代著名的书法家，"柳体"的创立者。他创立的柳体和临写的《玄秘塔》直至今天仍然是人们学习、临摹的权威性字帖。

柳公权自幼聪明好学，特别喜欢写字，到了十四五岁便能写出一手好字，经常受到老师的表扬。日子久了，他心里美滋滋的，不知不觉就骄傲起来，以为天下"唯我独尊"了。

有一天他和几个伙伴们玩耍，玩什么好呢？这个说捉迷藏，那个说摔跤，柳公权说："不行，不行，咱们还是比比谁的字写得好吧！"于是大家只好同意，便在大树下摆了一张方桌，比了起来。

柳公权很快写了一篇，心想，我肯定是第一了，谁能比得过？心里这样想着，脸上也显露出洋洋得意的神情。这时，从东面走过来一位卖豆腐的老汉，这老汉早看出了柳公权的傲气，决定给他泼点儿冷水。他说："让我看看。"他挨着个看了一遍说："你们的字都不怎么样。"

这对柳公权来说，真如晴天打了个响雷，他长这么大还从未有人说过他的字不好呢。他又追问"我的字到底怎么样？""也不好。你的字就像我担子里的豆腐，软塌塌的，没筋没骨的。"老汉说。

柳公权一听老汉的评价，马上不服气地说："我的字不好，那么请你写几个让我瞧瞧！"老汉笑道："我一个卖豆腐的，你跟我比有什么出息。城里有一个用脚写字的人，比你用手写的强几倍呢，如果不服气，你去瞧瞧吧。"

第二天，柳公权带着满肚委屈和狐疑进城了。到了城里一打听就找到了。就在前面不远的一棵大树上，挂着一块白布，上面有三个大字：字画汤。树底下，许多人正围在一起低头瞧着地下。柳公权急忙跑过去一看：确是一位老人已失去双臂，正坐在地上用脚写字呢。只见地上铺着纸，他用左脚压着一边，用右脚的大拇指和二拇指夹住毛笔，运转脚腕，一排遒劲的大字便出现在人们的眼前。众人一阵喝彩："好，好!"

柳公权都看呆了，真是不看不知道，山外有山，天外有天啊！自己有完整的手臂，还赶不上人家用脚写的，更有甚者，还骄傲自满，自以为天下第一了，惭愧，惭愧。

想到这里，柳公权来到无臂老人面前，双膝跪倒，说道："先生，请受徒儿一拜，请您教我写字吧。"

无臂老人推辞道："我一个残废人，能教你什么，只是混口饭吃罢了。"柳公权说："请您不要推辞了，您不收下我，我就不起来!"这老者见他情辞恳切，心里一动，说道："你要实在想学，那么你就照着这首诗练下去吧。"说罢，老人又用脚铺开一张纸，挥毫写下一首诗：

写尽八缸水，墨染涝池黑，
博取众家长，始得龙凤飞。

这首诗，是无臂老人一生练字的真实写照。那意思是说练字的辛苦，练字的工夫，用尽了八缸水，染黑了涝池水，博取众家之长，虚心学习，才有今天这苍劲有力的龙飞凤舞。

柳公权是个聪明人，早已领略了这诗中的寓意，他不但懂得了写字必须勤写勤练，虚心学习，更懂得了做人亦不能恃才傲物，否则将一事无成。

他怀着不可名状的感激之情，接过了老人的诗，急切又羞愧地回到了家。打这以后，他从不在人前炫耀自己，每日里挥毫泼墨，练笔不止，悉心研究揣摩名人字帖，最后终于练成流传千古的柳公权"柳体"。

27. 阎立本千里追寻石刻

阎立本是唐代著名画家。他出生于绘画艺术之家，自幼跟着父亲和哥哥学画，进步很快。到十六七岁时，就已落笔不凡，名噪乡里了。但他自己总觉得功底不深，特别是古代绘画的一些长处，还没有完全掌握。他决心广闻博采，吸取诸家之长，力争"青出于蓝而胜于蓝"。

有一天，一位过路的商人同他聊天，说起各地的情形时，告诉他，在长江之滨的荆州，有一块古代名画家张僧繇（yáo）的绘画石刻。原来古人怕纸与绢上的画品不易保存，年代久远必遭虫蛀水湿，便有石刻匠人将画临摹下来，刻于石上，以求保存千古。阎立本听到这个消息，喜形于色，暗想：张僧繇是南北朝时代的"画圣"之一，他画的龙栩栩如生，令人叫绝，我何不前往荆州一饱眼福呢？于是，他带上笔墨纸砚，踏上了千里行程。

那时候，道路车辆都很困难，经过两个多月的跋山涉水，阎立本才到达了荆州。一路上吃了很多苦。而令他遗憾的是，原以为那绘画石刻必在什么高雅的殿堂里摆着，专供人们参观学习，却不料荆州人大都没有听说此事。他住进旅店，多方向人打探，才寻出一点踪迹来。

有一天，店主跑来告诉他："查到了，确是那座古代石刻，在一家菜园子里。人家怕踏坏了菜田，很久以来就禁止人们入内了。"

阎立本问："为什么不把它献出来呢？"

店主说："石刻很大，人少很难搬动，再说，人家也不让搬。"

阎立本听到这儿，很着急赶去看个明白。于是就由店主带路，二人来到那家菜园，天色已经暗下来了，绘画石刻弃置在菜园的一角，四周荒草丛生，树梢乌鸦鼓噪，显得阴森凄凉。近身俯前一看，又见石刻上面涂了许多污泥，生着隔年苔藓，不少部位难以辨认，令人大失所望。

店主在一旁等着，问："先生可满意吗？"立本摇了摇头："原来不过如此，我白来一趟了。""天不早了，那就回去歇着吧。"在店主的催促下，立本闷闷不乐地离开了。

立本回到店中，**翻来覆去睡不着**。他想：哪能就这样返回长安呢？应该天明重看一遍，否则也太对不起前朝画圣了！

于是，第二天一早，他又一个人去看石刻。来到那里，他小心地刮掉污泥与苔藓，果然发现了画中的不少奥妙之处，他满意地笑了。

第三天，他用清水把石刻刷洗干净，再细心端详，反复揣摩，更觉得张僧繇的技艺高人一筹。最后铺上白纸，要拓几张画稿。忙了半日，直到晚上挑起灯笼，才全部拓完。

正是这种如痴如迷的追求，才使他的作品日渐成熟，后来被人们誉为"丹青神化"大师。

28. 钟隐卖身为奴学艺

钟隐是五代南唐画家，他出生在一个富裕家庭，家里请了好几个老师教他画画，他本人又刻苦，因此在年轻时便出了名。

一次，他听说有个叫郭乾晖的人擅长画鸟，特别是画鸷鹞更出色。他便登门求教，谁知郭乾晖很古怪：不但不肯把作品随便拿出来，而且作画也躲着人，唯恐别人把他的技法学了去。

后来，听说郭家要买个家奴。钟隐高兴极了，隐瞒了身份，改名换姓，当了郭乾晖的奴仆。天天端茶倒水，锄菜浇园，心想："我总有机会窥看郭乾晖作画了。"可是，郭乾晖作画，连奴仆也不让呆在旁边，总是关门闭户，独自画画。

然而，钟隐是个有名的人，突然失踪，别人哪有不打听的呢？不久，郭乾晖也知道了，他把钟隐找来，感动地说："相公为了学画，不惜屈身为奴，老夫实在愧不敢当。你的意思，我也知道。不过世上像你这样谦逊好学的人，实在不多。冲这一点，你将来也会前途无量。老夫不才，就破例收你当个门生吧。"

于是，郭乾晖把自己的技艺全部传授给钟隐，钟隐谦逊勤学苦练，终于成为著名画家。

29. 荆浩受教于山野老人

五代后梁画家荆浩年轻时因逃避战乱，隐居太行山洪谷，埋头学画。一天，他因迷路走到一个乱石林立的峡谷里，只见峡谷里小溪清澈，古松参天，便摊纸作画。后来，日日写生，画艺也飞跃进步了。

第二年春天，他又去峡谷作画，路上碰见一个衣着简朴的老汉。老汉见了荆浩，亲切招呼，说："你又来作画呀？"

荆浩少年气盛，见老人像个山野老农，只嗯了一声，又昂然举步了。

"你知道画法吗？"老人并不生气，举杖随行。

荆浩以为老人轻视他，心里有气，就顺口说道："画画嘛，画得像就好。"

"你说差了"。老人感慨地说："我见你天天到此临画山景，风雨不辍，精神可嘉。但你只能画外形，那怎么行呢？画者，刻画也。

要深入领会描写对象的特点和精神实质，才能形神兼备，精巧入微啊！"

荆浩大吃一惊，忙问老人姓名，以便登门求教。谁知老人笑而不答，飘然而去。

从此，荆浩虚怀若谷，听取不同意见，汲取各家之长，独创一格，终于成为名家，被后人尊崇为山水画的宗师。他自己也终身忘不了那位不知姓名的老人。

30. 欧阳修自谦的故事

欧阳修（1007—1072 年），字永叔，号醉翁、六一居士，今江西吉安人，仁宗八年（1030）进士，官至参知政事。他是宋朝的大文学家，是北宋古文运动的领袖，又是大史学家，独撰《新五代史》，并与翰林学士宋祁合修《新唐书》，还有《欧阳文忠公集》、《六一词》等。欧阳修虽是著名学者，但从不高傲，处处谦虚谨慎。下面三则，就是欧阳修自谦的故事。

甘拜下风

一年，宋代的钱惟演镇守洛阳，建了一座驿舍。驿舍落成之后，一天，钱惟演邀请好友欧阳修、谢希深、尹师鲁三人为驿舍撰写一篇记文。这三个文人中，当时还顶属欧阳修的才华出众，名气大。但欧阳修感到谢希深、尹师鲁写文章一定有值得自己借鉴的长处，孔子说过："三人行，必有吾师"。于是，欧阳修决心抓住这个有利机会去取别人之长来补己之短。

三个文人苦思冥索，终于各成一篇记文。欧阳修主动拿自己的文章与两位好友的文章交流、比较。谢希深的记文写了七百字；欧阳修用五百字写成；尹师鲁写的更短，全文才三百八十多字，叙事清晰，结构谨严，遣词造句恰到好处。

"写得好，写得好！"欧阳修拜读尹师鲁的文章，赞不绝口，他心悦诚服，甘拜下风。

晚饭后，欧阳修提着酒壶，诚恳地向尹师鲁讨教。尹师鲁被欧阳修那种虚心好学的精神深深感动，也就打消了种种顾虑，与欧阳修探讨起写文章的技巧来。他说："作文最忌格弱字冗，你的文章不错，可就是文字欠简练。"

两位挚友一边饮酒、一边谈论，话一投机，滔滔不绝，直到一轮红日东升，方尽兴而归。欧阳修便按好友讲述的，重新撰文。这一篇文章更完善、精粹，较尹师鲁还少了二十个字，真是更上一层楼。

尹师鲁赞扬他说："欧阳修进步真快，真是一日千里啊！"

不署全名

宋朝皇帝宋仁宗命翰林学士宋祁，修撰《新唐书》。宋祁用了十几年时间，刻意求精，把该书的主要部分《列传》编写完了。这时，为了加快速度，皇帝又命欧阳修参加修撰，负责《纪》、《志》的编写工作。

书成之后，宋仁宗感到全书体例及行文风格不一，要欧阳修从头润色。欧阳修把《列传》部分认真读过之后，感到写得很好，有独到之处，自己对唐代一些人物的看法与宋祁不同，但不能妄加修改，强加于人。于是，他奏明仁宗皇帝，决定一字不易。按照北宋惯例，史书修成后，不论多少人参加编写，只署官位最高的名字。欧阳修当时是宋朝的参知政事，比宋祁的官位大得多，当然该在全部书上署他的名字了。但欧阳修觉得自己只参加了一部分工作，书的大部分是由宋祁写的，便只在《纪》《传》两部分署了自己的名字。他打破了惯例，不署全名，表现了谦让的美德，深受人们的称赞。

向实践学习

有一年，欧阳修得到一幅古画，画的是一丛牡丹花，花下卧着一只小猫。他觉得这画很好看，就挂在了客厅里。这时候他已经名气很高，而且孩子也长大了，与当朝丞相吴正肃攀了亲家。

一天，吴丞相来家作客，欧阳修便在客厅里坐陪。吴正肃看到这幅古画，连连夸赞画得好。欧阳修自以为应该谦虚一下，便说："还过得去吧，也不见得十分精彩。"

"怎么不精彩？"吴认真起来。

"你看，这花的颜色并不水灵，如果画些露珠儿上去，岂不更好？"欧阳修信口搭言。

吴立刻站起身，指着画说："老弟，你错了！这里画的是正午牡丹，怎么可以有露珠呢？你瞧，花瓣是张开的，花的颜色有些发干，正是阳光强烈照射的结果。还有，你注意到这只小猫了吗？"

"猫又有什么说道？"

"如果是早晨的牡丹，应是花苞未开，伴有露水，而且猫眼的瞳孔是圆的。而现在，猫眼的瞳孔眯成一条线，完全是正午的特征。"

欧阳修连连称是，暗想：我虽然得了此画，却不晓得其中奥妙，真是白痴。他叹了一口气，对吴正肃说："看来我们这些舞文弄墨的人，真得好好向实践学习。否则，尽管文章写得多，也不会有生命力的！"

欧阳修到了晚年，已经名噪天下，但他仍把以前所写的文章反复斟酌，逐字逐句地修改。他的妻子劝他说："何必自讨苦吃呢！你这么大年纪了，难道还怕先生责怪吗？"他笑着回答："如今不是怕先生责怪，而是怕后生笑话。"

31. 辛弃疾斟酒谢岳珂

宋宁宗嘉泰四年（1204）三月，辛弃疾已是60多岁的老人了，当时被任命为镇江知府。他在抓紧练兵之余，仍挥毫写作，不少脍炙人口的佳作都出于此时。

在一次宴会上，歌女们演唱词人的新作《永遇乐·千古江山》，客人齐声叫好，辛弃疾也很高兴。忽然，辛弃疾说："各位不要只叫好，给我的词提提意见吧！"

"不敢，不敢……"，大家推辞着。

"诗不厌改嘛。人往往自己看不到自己的眼睛，也不容易看到自己作品的缺点，不知毛病怎么改呢？各位不要顾虑，给我的词提提意见吧！"说完他便挨个征求意见。大家还是说："提不出，提不出。"

座上有位年轻人，是抗金名将岳飞的孙子岳珂。辛弃疾征求到岳珂时，岳珂也有些犹豫，因为在座的大多是长辈，地位也比自己高，哪有自己先说话的道理。但看到辛弃疾诚恳的样子，便直率地说："辛帅的词雄视千古，自成一家，晚生怎敢妄议。不过辛帅非要我提的话，我认为《永遇乐·千古江山》一词里，一连用了吴帝孙权、宋武帝刘裕、宋文帝刘义隆、赵国大将廉颇等四个典故，不熟悉史实的人，怎能看懂呢？"

"岳公子是爽快人，这话正好抓住了我的毛病。"辛弃疾满脸笑容地说："我就是爱用典故啊！"说完便站起来斟了一杯酒，双手递到岳珂手中，表示谢意。

大家被辛弃疾的谦虚精神所感动，都热烈地饮酒尽兴。

32. 杨时程门立雪

　　宋朝的时候，在现在的福建一带，有一个很有学问的人，叫杨时。

　　杨时从小就很聪明，读起书来又很用功。他常对人家说："学习对于我像吃饭一样，是我内心的需要，所以在任何时候我都不放松学习。"杨时还认为学习不仅需要有决心，而且必须有崇高的目标。他说："学习和射箭一样，必须先有目标，然后才可放射。善于学习的人，也一定先有自己的目标，然后才能订出学习计划，循序渐进。糊里糊涂是学不好的。"

　　杨时自己就是按照这一办法进行学习的。他年纪不大就能写一手好文章，后来又专心钻研经史，宋神宗熙宁九年中进士。

　　当时河南程颢和弟弟程颐讲学很有名，四面八方的人都来向他们求教。杨时也弃官不做，到程颢处登门求教。他虚心好学，进步很快，当他南行回家时，程颢感慨地说："我的思想从此往南去了。"

　　后来程颢死了，杨时很悲痛。为了进一步深造，杨时又拜程颢的弟弟程颐做老师，这时，他已是 *40* 岁的人了。

　　一天中午，他在学习上碰到了疑难问题，便和同学游酢（zuò）一起去请教老师。当他们到达老师家里，正赶上程颐午睡。为了不影响老师休息，就不声不响地站在大门外等候。刚巧，那天下着鹅毛大雪，程颐醒来后发现窗外大雪纷飞，便兴致勃勃地信步走出房门。发现门外有声响，就推开大门，一看，是杨时和游酢站在那里，便赶忙把他们请到屋里。这时，门外的积雪已经一尺来厚了。杨时和游酢站过的地方，留下二对深深的脚印。

33. 东坡乱改菊花诗

一次，苏东坡拜访宰相王安石，未见到宰相，偶然发现其书桌砚台底下压着一首未写完的诗："西风昨晚过园林，吹落黄花满地金。"苏东坡想：只有秋天才刮金风，金风起处，群芳尽落，但菊花能做霜雪，怎么花瓣四处飘落呢？王安石真是"江郎才尽"，终铸成大错呀！于是他挥笔续诗："秋花不比春花落，说与诗人仔细吟。"便拂袖而去。

后来苏东坡贬官至湖北黄州府当团练副使。苏东坡到任后，一日他和好友陈季常到后花园赏菊饮酒。正刮了几天大风之后，园中十几株菊花枝上一朵花也没有了，只见满地铺金，落英缤纷。东坡一时瞠目结舌。陈季常问："你见菊花落瓣，怎么这样惊诧呢？"东坡讲了在王安石府上改菊花诗一事。此时，东坡感慨万分："我曾给王宰相改诗，以为他孤陋寡闻，谁知孤陋寡闻的竟是我自己。这事给我的教训太深了。今后凡事要谦虚谨慎，千万不可以自恃聪明，随便讥笑别人。"

后来，东坡向王宰相"负荆请罪"，承认了错误。从此以后，东坡特别谦虚谨慎。

34. 范仲淹跪拜"一字师"

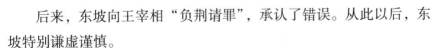

范仲淹（989—1052），字希文，苏州吴县人。他是北宋著名的政治家、军事家和文学家。做过枢密副使，参知政事，既是个文臣，又是个武将。他在幼年时代就立下大志，为了实现自己的远大抱负，他虚心学习，不耻下问，昼夜诵读诗书。到了成年仍然保持谦虚的襟怀。

有一年，范仲淹在浙江桐庐做官时，因为十分敬仰崇拜严子陵，他特地为严子陵建造了一座祠堂。严子陵是东汉初年人，跟刘秀是同学。刘秀做了皇帝以后，就召严子陵到京城去做谏议大夫，他不肯，隐居在富春山。相传严子陵经常在富春江边上钓鱼，因此祠堂就造在钓鱼台旁。

范仲淹为严子陵写了一篇记，其中有一首赞颂严子陵的诗，诗中写道："云山苍苍，江水泱泱（yāng，水深广的样子），先生之德，山高水长。"诗写成以后，范仲淹就把这首诗拿给至交好友李泰伯看，并让他提出批评意见。李泰伯读后，再三叹服，然而觉得意犹未尽，他站起来说："先生的诗是一首好诗，先生的文章一旦传出去，必定名闻于天下，我想冒昧地改动一个字，使它白璧无瑕。不知先生意下如何？"当时，范仲淹已是大名鼎鼎的政治家、军事家和文学家，给这样一个人提意见，李泰伯实在有点儿诚惶诚恐。

范仲淹听后，肃然起敬，马上站了起来，拱手说道："是哪一个字，快请说出来。"李泰伯说："'云山''江水'等词句，从内容上说，十分宏伟开阔，博大奔放；从用词上说，极有气派，又与严子陵的居住环境吻合，白璧无瑕、韵味无穷；然而下面用一个'德'字接着它，似乎显得局促狭隘且浅白了，换个'风'字怎么样？"

范仲淹此时似乎凝住了呼吸，聚精会神地听着，听罢频频点头，连声称"妙"，说罢他又低低吟诵一遍："云山苍苍，江水泱泱，先生之风，山高水长。"果然味道与"德"字大不相同。改用"风"字既包含了"德"的含义，又有"风传千里"，"风流千古"的意味，因此更能反映严子陵的高风亮节，反映出他对严子陵的崇高敬意。想到这里，范仲淹对李泰伯佩服不已，嘴里说着："太好了，太好了，真是高见。"说着就要跪下来拜谢李泰伯，李泰伯一见，慌忙扶起范仲淹，并说"不必，不必"。

范仲淹虚心听取别人对他的诗文的修改意见，写文章常常字斟句酌，因此才有"先天下之忧而忧，后天下之乐而乐"那样千古传诵的名句。

35. 朱熹教子寻访名师

朱熹是南宋时期著名的博学多才的大学者，他非常重视对子女的教育。有一天，他把儿子朱在叫到面前，既严肃又亲切地对他说："你现在已经不小了，不能总在家里，应该到外地去访求名师，这样学问才有长进。"

朱在听了以后，觉得很奇怪，他不解地问："我常常看到许多人不远千里前来向您求教，拜您为师；我也常听人说，您是当今最有学问的人，我在家向您学就可以了，为什么您还让我离开家另求老师呢？"

朱熹说："我小的时候，父亲就很重视教育，他在我刚会说话时，就教我认识天地万物，还教我学习儒家经典。后来，父亲因为反对秦桧的投降卖国政策，被赶出朝廷，一病不起。临终前对我说：'你一定努力上进啊！'

我听了父亲的话，后来徒步数百里求访名师，长了不少学问。"

朱熹的回忆使儿子朱在受到很大启发。朱熹又说："一个人老在家中，容易被生活琐事缠住，被亲人娇惯，这样在学问上就难以有大的长进。自古以来，都是名师出高徒，光靠父母教诲是不行的。父母学问再大，只凭父教子学，也难以培养出英才。因为父母很难做到对子女严格要求并且持之以恒。所以，你还是远离父母，千里求师才对啊！一个年轻人，应该到外面吃点苦，闯荡闯荡才容易

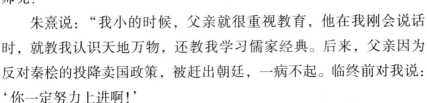

长进。"

朱在听了父亲的话，渐渐明白了父亲的用意，觉得父亲讲得很有道理。过了几天，他就离开父母，到外地求学去了。

儿子临走之前，朱熹又想到：孩子独自一个人出远门，在外要遇到各种各样的人，对他来说，结交什么样的朋友，对他的成长影响很大。想到这里，朱熹睡不着觉，他连夜提笔写了一段话，专门告诫儿子要慎重交友。他嘱咐儿子说：与他人交往时，特别应该慎重选择朋友，虽然都是同学，但是也不可没有亲近和疏远之分。亲近谁、疏远谁应该先向先生请教，听从先生的指导。大的原则应该是、为人敦厚忠诚讲信用、又能改正自己错误的人，就是有益于自己的好朋友；那些谄媚奉承、轻薄放荡、粗野傲慢、教唆他人做坏事的人，就是对自己有害的坏朋友。

根据这个标准来考察周围的人，自己也应该能分辨出个大概，再加上向老师请教来进行判断，那就不会出什么差错了。怕的就是你自己胸无大志，低级平庸，不能严格要求自己，不断进步。那样的话，虽然你不想疏远对自己有益处的朋友，但是也越来越疏远了；虽然不想接近那些有损于自己的坏朋友，事实上却日益亲近了。这种情况必须痛加改正。

朱熹叮嘱说：万万不可随着时光流逝而放松警惕，堕落进"小人"行列。如果那样，就是有再贤良的老师，也没法拯救你了。

朱在见父亲这样关怀自己，非常感动，他把父亲的教诲记在心上，外出求学，进步很快，后来做官至吏部侍郎。

36. 何澄接受少年批评改画

何澄是元代著名画家，他有许多名画流传后世。

一次，他创作了一幅名画，他的许多同事和学生抱着"先睹为快"的目的纷纷登门拜访。

何澄带着大家走进了画室，画室的四周墙壁上都挂着画家的新作。

大家边看、边说，气氛十分热烈、和谐。一会儿，他们来到一幅画前停下来。张一捧问："何兄，这幅画就是新作?"大家的眼光都落在新画上。只见画面上画着：一个40多岁的妇女，长长的头发披搭在胸前，左手抓着头发，右手拿着剪刀，正在剪那黑发……

"这幅画，无论是人物的肖像，还是身上的装饰，老师都是费了一番心思的。"一个学生啧啧叹道。

"画画最难的是眼睛，眼睛是心灵的窗户，……你看这两只眼，含着无限的情韵，舍不得把珍贵的头发剪掉呀!"张一捧说。

一个学生提出让何澄老师给大家讲讲这幅画的构思。何澄慢慢地说："一天，我到一位朋友家作客，主人设宴招待我。我对友人是了解的，他们家很穷，这次为什么有钱设宴招待我呢? 后来我一了解，原来是主人家的母亲把自己心爱的头发剪下来卖钱，然后买酒菜招待我。这件事我一直记在心里，我感激友人的情谊，尤其感激他的母亲，所以，我把这一素材进行加工，画成这幅人物画'陶母剪发图'!"

这时，从人群中走出一个小孩，他也喜欢画画，看见大家在欣赏主人的画，自己也夹在里面看看。这个小孩，就是长大后当官的岳柱，他当时只有12岁。看了看"陶母剪发图"，他说："这幅画画得不真实!"

岳柱的一句话，就像一把盐撒在油锅里，顿时炸开了。张一捧等人都责怪小孩多嘴。

站在旁边的何澄，认出这个小孩，他是仆人的儿子。他和颜悦色地说:"岳柱,你说说,这幅画哪里不对呢?"

岳柱听了主人的话,心里踏实多了,说:"刚才听说,陶母家里很穷,没有钱买酒菜请客人,只好剪掉头发卖钱买菜招待客人。可是既然陶母很穷,那您为什么给她戴上金钏子呢?她可以把金钏子拿去卖钱,不比卖头发值钱吗?"

张一捧听后哑口无言。何澄听后,点点头说:"你的意见提得很好,戴着金钏子,她就不是穷人,而是一个富贵女人了。"说着,转身拿起画笔,在陶母手上,把金钏子抹掉了。

画家改完,再想征求岳柱的意见时,岳柱早已离开画室走了。

37. 成吉思汗重用异族贤臣

耶律楚材,字晋卿,生于燕京(今北京),契丹族,为辽东丹王突欲的八世孙。

耶律楚材生于世宦门第。他自幼勤学,博览群书,兼通天文、地理、律历、术数和佛、道、医卜之说,还擅长著述,下笔为文,一挥而就。

成吉思汗即定燕地,遣人访求原辽国宗室人物,于十三年得耶律楚材。他见耶律楚材相貌奇伟,美髯宏声,又颇有才识,十分仰慕,诱劝说:"辽、金为世仇,你是辽国皇族后裔,为金所灭,我要为你雪洗国仇家恨。"

耶律楚材回答得十分得体:"臣之祖、父皆曾委身事金,既为其臣,岂敢与君为仇。"

成吉思汗从话中知道他甚重君臣之分,是个恪守信义的人,因此留他在身边供职,备咨询。成吉思汗喜得王佐之材,每每昵称他为"长髯人",而不直呼其名。

耶律楚材决心报答亲顾之恩，借酬平生壮志。

成吉思汗晚年常对其子窝阔台说："此人是天赐我家，尔后的军国庶政，当悉委他处置。"

在成吉思汗一世，耶律楚材是形影相随的股肱大臣，曾被视为"天赐我家"，尊宠至极。

窝阔台汗一世，耶律楚材有顾命之义，拥立之功，为其屹立于王廷埋下根基。但更重要的是他呕心沥血地为蒙古国运筹策、定制度，使这个新生的庞大的政权得以生存。他披肝沥胆的忠正气质，又不能不使蒙古君主肃然起敬。正是基于此，窝阔台汗把耶律楚材当成自己的偏得，国家的骄傲。

早在他即位的第三年，就当面盛赞耶律楚材说："南国之臣，复有如卿者乎？"

窝阔台汗八年，即灭金后的第二年，蒙古诸亲王集会，大汗亲自给楚材捧觞赐酒，由衷地说道："我们这样诚挚地任用你，是因为有先帝之命。没有你，中原就没有今日。我之所以能安枕无忧，是全靠你的力量啊！"

当时，正值西域诸国和南宋、高丽的使者前来，语多虚妄不实。窝阔台汗颇为得意地指着耶律楚材对来使说："你国有这样的人才吗？"

来使皆回答："没有。此人大概是神人。"

窝阔台汗高兴地说："你们唯有此言不妄。我也猜想必无此种人才。"

正由于有这样的知遇之情，更由于耶律楚材的气质和胆略，使他能够在国家政治生活中发挥着极其重要的作用。

在灭金战争中，耶律楚材有两个特殊的功绩，即保全生命和收容人才。

蒙古太宗五年（1233）正月，金哀宗完颜守绪从汴梁出奔归德（今河南商丘南），命元帅崔立继续死守被围困的京城。不久，崔立向蒙古投降。

按蒙古的军事传统：凡是敌人进行抵抗的，克敌以后就以屠杀相报。

现在，汴京即将落到蒙古军队手中，统率围城蒙古军将军速不台，派人报告窝阔台汗，准备占领后"屠城"。

耶律楚材听到消息，急忙面奏大汗："将士英勇作战了几十年，争的就是土地和人民。如今要是得了土地而失了人民，有什么用呢？"

窝阔台汗听后，脸沉下来，露出犹豫不决的神情。耶律楚材接着说："大人凡金朝方面的能工巧匠，以及官民富贵之家，都聚集在这座城里了。把他们都杀了，那我们就一无所得，徒劳地打了这一仗！"

窝阔台汗觉得有理，下诏除金朝皇族外，其余人不杀。当时在汴京避兵灾的一百四十七万户得以免遭屠戮的惨祸。

这一年五月，金国灭亡的命运已经不可避免。金朝大文豪元好问给耶律楚材写了一封著名的信，劝他保护归降蒙古的南方士大夫。他特别开列出 54 个士大夫的名单，指出这些儒士"皆天民之秀，有用于世者。"

楚材感到元好问的心思与自己相通，他也早已认识到保护这些人才的重要意义。

耶律楚材向窝阔台进言说："制器者必用良工，守成者必用儒臣。"

他极力强调任用儒臣的重要性。

数年后，耶律楚材请窝阔台派人到各地举行考试，选取儒士。

这就是有名的戊戌年（1238年）科举取士，有不少杰出人才入选。

38. 不忽木屈己让相

元世祖忽必烈小时候有一个好朋友叫不忽木。不忽木自幼喜欢读书，而且记性很好，知识丰富。忽必烈的父亲就把他找来，让他做伴读，陪着忽必烈一起读书。不忽木利用这个好机会，读了许多书籍，懂得治国安民之道。

忽必烈登上皇位之后，想让不忽木做丞相，帮助自己巩固天下。不仅因为不忽木是小时候的朋友，而且他们都长大之后，不忽木经常在忽必烈身边，出谋划策，南征北战。他就对不忽木说：

"不忽木，我打算任命你为丞相，怎么样？"

"陛下，臣不敢领命。臣深知自己的韬略不足以辅佐陛下，还是任用比我更强的人为好。"

"知臣莫如君，何况我们从小在一起，我对你十分了解。你的文韬武略，完全能担当得起丞相的重任，不必推辞。"

"陛下，最了解我的能力的，还是我自己。我不是谦让，实在是怕耽误了陛下的大事。让我任丞相一职，绝不敢从命。"

不忽木再三推辞，忽必烈也不好勉强，就另选了丞相，而任命不忽木为尚书。后来每当丞相出缺的时候，或对现任丞相感到不如意的时候，都要请不忽木出任丞相，但是一次次都被他坚决推辞掉了。

至元二十八年春天，忽必烈平定诸王叛乱，班师回朝。侍御史彻里在陪同忽必烈打猎的时候，利用猎间休息，向他揭发了现任丞相桑格的罪行。他说：

"陛下近几年常年率师出征在外，一切内政都由桑格处理。他横

121

征暴敛，中饱私囊，卖官鬻爵，安插亲信。群臣敢怒而不敢言，这种人不杀不足以平民愤。"

忽必烈不仅不信，还认为彻里有意诋毁丞相，命卫士把他打得昏死在地。待彻里苏醒过来时，仍坚持说："陛下，臣下只是为了陛下的江山，才冒死进谏。我与桑哥无冤无仇，为什么要诬陷他？请陛下明察，臣若有一句虚言，死而无怨。还请陛下问一问不忽木，他在朝中深孚众望。"

不忽木应召来到宫中，忽必烈向他问道：

"你说彻里这人怎样？"

"他为人耿直，敢犯颜进谏。"

"你说桑哥怎样？"

"桑哥专会在陛下面前阿谀奉承。陛下远征时，他把持朝政，飞扬跋扈。"接着，历数了桑哥的种种罪行，比彻里所参奏的还要多。最后他又补充说：

"对一般人，能原谅就要原谅，但对十恶不赦的人，绝不能宽容！"

忽必烈于是下令查办桑哥，群臣纷纷上疏弹劾，接着又查抄他的家产。结果，从桑哥家中抄出的珍宝，几乎和国库一样多。

桑哥在事实和赃物面前，无法抵赖，被斩首示众了。

桑哥一死，相位空缺。忽必烈就首先想到了不忽木，打算让他担任丞相一职，就派人召他进宫商量，说：

"从前我误用了桑哥，险些坏了国家的大事，现在只有任用贤能之士，来弥补我的过失，重整朝纲。"

"陛下所想极是！"

"我看你来担任丞相，最为合适。"

"我现在担任尚书，已感到力不从心。"

"你太谦虚了。在朝中你威望最高，丞相一职，非你莫属。"

"陛下，还是从比我能力更强的人中挑选吧。"

忽必烈沉吟了半晌，问道："依你看谁最合适？"

不忽木答道："太子詹事完泽最合适。他曾在阿合马家住过，抄没阿合马家时，抄出一本送礼人名录，那上面唯独没有完泽的名字。可见他的品格。"忽必烈非常赞赏不忽木的高尚情操，就任命完泽为尚书右丞相，不忽木为平章政事。

丞相是一人之下，万人之上的职务，但以谦虚礼让为本的人，却可以放弃它，这正是不忽木超过常人之处。

39. 朱元璋求访朱升得三策

朱元璋当了红巾军主帅之后，一直攻无不克。这次他又率领义军打下了徽州。他手下的大将邓愈便向他推荐说："大帅您不是一向想求访贤士吗？我听说，在徽州一带有一个非常有名的人，叫朱升，他住在休宁这个地方。此人饱览经书，非常有才气。大帅何不访求他一次呢？"

朱元璋听后非常高兴，立刻就带着邓愈等人前去探访朱升。通过邓愈的带路，一行人很快就来到了朱升的住处。

朱元璋下马亲自去轻叩柴门，不久，一位老人走了出来。朱元璋马上抱拳恭敬地问道："请问，先生莫不是休宁名士朱升？"

老人打量了朱元璋一番，见他气度不凡，戎装佩剑，身边还有兵士，料定他可能是红巾军的将领，便回答道："老朽正是朱升，不知将军尊姓大名？"

邓愈在一旁说："这是攻克徽州的红巾军主帅朱元璋。"

朱元璋马上接道："我本来是个平民，可是当权者残暴无比，欺压百姓，这才举起义旗的。听说先生是有名的学士，今日特来拜访，并叩问大计。"

朱升听说站在前面的竟然是赫赫大名的朱元璋，不禁大为感动，连忙把朱元璋一行引进屋内。

通过从衣食住行，风土人情和国家大事的谈话中，朱元璋发现朱升谈吐不凡，对问题的分析入木三分；而朱升也觉得朱元璋平易近人，胸有大志，颇有将帅气度，不由得觉得相见恨晚。

朱元璋问道："以朱老先生之见，当今天下之势，我该如何行事才好？"

通过谈话，朱升已经揣度出来，朱元璋有平定天下的雄心壮志，便沉思片刻答道："以老朽之见，大帅想成大业，要遵循三句话，就是：'高筑墙、广积粮、缓称王'。记此三条，元帅可成大业。"

朱元璋听了，连声赞谢说："先生立言警策，重如泰山！操练兵马，积蓄实力，奖励农耕，积有食粮，讳露锋芒，勿早树敌！先生见识宏远！"

朱元璋回去之后，按照朱升的三策去做，势力不断扩大，终于推翻了元朝，做了明朝的开国皇帝。

朱元璋不忘朱升的功劳，请他去朝中做臣。因为朱升年老，朱元璋还免去了朱升每天上朝的跪拜礼节，对他关怀备至。

40. 徐达成功凯旋不取财宝

徐达，字天德，濠州（今安徽凤阳）钟离永年乡人，是明太祖朱元璋的同乡，他20余岁时便投奔了朱元璋的队伍。

徐达担任将领以后，统帅百万大军，南征北战，对削平群雄、推翻元朝、统一全国做出了重大贡献，从而深受明太祖朱元璋的器重和信任，被誉为"开国功臣第一"。

徐达虽然战功累累，却从不居功自傲。明王朝建立后，为了防御元朝残余势力的骚扰，他仍旧每年春天挂帅出征，保卫国土。冬天班师回朝后，便交还将印，回到家里过着十分俭朴的生活。朱元璋见此情景，感到很过意不去，想把自己过去当吴王时住的房子赐给徐达，便对他说："徐达兄打了几十年仗，建立了盖世奇功，却从来没有好好地休息过。我把过去住过的房子赏赐给你，让你好好地享几年清福吧！"但徐达坚决推辞，拒不接受。朱元璋无奈，便请徐达到这所房子里饮酒，并借机把他灌醉，差众人将徐达抬到床上去睡觉，给他蒙上被子，想用这个办法来强迫徐达接受这所房子。徐达酒醒之后，大吃一惊，连忙跳下床，走下台阶，俯身伏地，磕头呼喊："我犯了死罪，我犯了死罪！"朱元璋见他这样谦恭，也就不再勉强他了。于是下令在这所房子的前面，另外给徐达建造了一所住宅，并在住宅的前面立了一座高高的牌坊，上面刻着"大功坊"三个字。

徐达的这种谦功的美德，深受朱元璋的赞赏。朱元璋对左右大臣称赞说："受命出征，成功凯旋，不骄不傲，不爱女色，不取财宝，公正无私，像日月一样光明正大的，只有大将军徐达一人！"洪武十八年（1385）二月，徐达在南京病逝。朱元璋追封他为中山王，把他葬在南京钟山之北，并把他的塑像摆放在功臣庙里，以表彰他为明朝所建立的卓越功勋。

41. 倪鸿宝题诗自警

明朝末年，有两个读书人，一个叫倪鸿宝，一个叫吕晚村，二人在学问上分不出高低，都有点名气。

一天，倪鸿宝去拜访吕晚村。在客厅里，二人一边品着茶，一边纵谈古今，气氛十分热烈。谈着谈着倪鸿宝眼睛扫到了客厅墙上的一副对联："囊无半卷书，唯有虞廷十六字；目空天下士，只让尼山一个人。"意思是说，我什么书都不去看，只有虞廷十六个字；在读书人里我谁都瞧不起，只有孔丘我让他一筹。

琢磨着这幅对联，倪鸿宝在心里笑了笑，脸上露出不以为然的神色。他知道，所谓虞廷十六字，指的是《书经·大禹谟》中"人心惟危，道心为微，惟精惟一，允执厥中"。意思是说，人心危险难安，道理幽微难明，要精纯专一，抓住事物的中心。在处理问题时，公允得当，不偏不倚。这是后来理学家修身养性的十六字诀。尼山，指孔子，孔子名丘字仲尼。倪鸿宝轻轻地摇了摇头，心里暗想：吕晚村以圣贤自居，口气太大，太狂妄了，哪有什么"允执厥中"的味道呢？

他回家里，叹息一番，也针锋相对地写了一联：

孝若曾子参，方足当一字可；

才如周公旦，容不得半点骄。

倪鸿宝把对联挂在墙上，朝夕吟诵以自警。

不久，吕晚村回访倪鸿宝，一到书房看到了这幅对联。他也知道：曾子参，就是曾参，孔子的学生，以孝顺父母出名；周公旦，是周武王的弟弟，有名的贤相。这幅对联是说，一个人孝如曾参，只不过是做到了为人道德的一个方面；才能如周公，也不应有半点骄傲。很自然，这幅对联是针对自己客厅里那幅对联写的，一时觉得很尴尬，举止言谈都有些失态。这一切倪鸿宝都看在眼里。为了缓和气氛，倪鸿宝赶忙让座让茶，讲了很多客套话。

心里不得劲儿，吕晚村坐了不多久，便借故告辞了。回到家里仔细一想，倪鸿宝讲的确实有道理，自己是太骄傲了，应该服气，马上把对联撤了下来。从此以后，倪吕的交往就更密切了。

42. 唐伯虎虚心求教绘丹青

做学问，学技艺，除了要有坚韧不拔的毅力，还要有谦虚谨慎的精神，才能学有所成，有一番作为。唐伯虎就是这样一个人。

唐伯虎名叫唐寅（yín），明朝著名画家。他少时聪明伶俐，小的时候就很喜欢画画，日积月累，他的画富有意境，如无声之诗。风格奔放飘逸，豪宕不羁，率意点染，妙趣横生，不愧天地间佳品。可是，他渐渐地滋生了自满情绪。有时端详端详自己的画，心里说："满不错嘛，差不多了。"

唐伯虎的妈妈看出了他的想法，问他说："你怎么不画了？"他说："我已经画得挺好了。"妈妈又问："你看咱们这儿哪座山最高？"他不假思索地说："南山最高！"妈妈说："你登上南山去向远望望，比它高的山还很多呢！"

唐伯虎听了妈妈的话，明白了她的用意，便带上行李和画笔，到外村拜师去了。

唐伯虎拜周臣为师。周臣在当时极有名望，是书画界的高手，能画山水画，也是花鸟画的丹青妙手。唐伯虎到了周先生门下，看了他的画真是耳目一新，长了不少的见识。唐伯虎想：原以为我是绘画第一了，却不过是井底之蛙，以为天空就是那么一小块。

周臣很喜欢唐伯虎，认认真真地传授技艺，哪里要浓墨重彩，哪里要轻描淡写他都一一指教。时间过得真快，一晃一年过去了。

有一天，唐伯虎偷偷地把自己的画和先生的画比较一番，觉得自己和老师差不多了。再说，自己离家一年多了，很想回去看看妈妈。唐伯虎的一举一动，老师看在眼里，记在心上，他和妻子研究一番，决定在后花园的一个小屋里为唐伯虎饯行，这间小屋平时总锁着，唐伯虎从未进去过。这一次他被请进来，一边吃着饭菜，一边细细打量着室内陈设。他突然发现，这屋子好奇怪，四面墙上都有门，但没有窗子。顺着门往外望去，只见后花园里好一派春景，处处可见柳绿花红，鸟巢蝶影，顽石跌宕，溪水穿行。看到如此美妙仙境，唐伯虎想，自己来了一年还没到此一游呢。

这时，老师说："唐寅，你想家了吧？"唐伯虎点了点头，眼圈都红了。老师又说："你的画本来画得不错，又在我这儿学了一年，可以出师回乡了。你看怎么样？"唐伯虎已经喝得半醉了，说："谢谢老师一年来的教导，我不会忘了老师的。"老师又指了指门外的景色，说："我这个园子，一向对外人保密的，今天对你可以破例。你可到后花园去愉愉快快地玩吧！"

这时，唐伯虎已经喝得醉醺醺的，走过去就想一步跨出门槛，可是，不料竟被撞了回来，头上还鼓起了大包。这是怎么回事儿？这扇门明明开着，怎么会是死的？他再跨另一扇门，照例被撞回来。

三个门都出不去，他的头上早肿起了大包。

先生和师娘笑得前仰后合。师娘说："唐寅，你喝多了！请仔细看看那是门吗？"唐寅这才细看，原来，三面墙上的门和门口的景色都是老师画上去的。

唐伯虎头上碰了这三个大包，心里立时清醒，顿有所悟，明白了老师的用意，马上跪倒在地，连声说："弟子错了，弟子比老师相差甚远就骄傲起来，请老师原谅。我不回家了，请老师再赐教三年吧。"师娘忙把他扶起来，说："知道自己错了就好，以后虚心学习就行了。你妈妈看你来了，正在前厅等候。"

打这儿以后，唐伯虎黎明即起，画到深夜，毕恭毕敬，勤勤恳恳又跟老师学了三年，终于成了明代四大画家之一，青史留名、超

128

过了老师。

43. 柳敬亭谦恭尊师言

柳敬亭，是明末清初的大名鼎鼎的说书艺人。他原来叫曹逢春，家住江苏泰州曹家庄。

由于他好打抱不平，得罪了地方上的恶势力，流浪到外乡。有一天，他睡在一棵大柳树下，醒来后抓着拂在身上的垂柳枝条，联想到自己的不幸遭遇，就改为姓柳了。接着，他默然地背诵起南齐谢眺咏敬亭山的诗，觉得"敬亭"二字可取，便以"敬亭"为名了。

一次，柳敬亭流浪在江南水乡的一个小镇上，看到茶馆酒楼上经常有人说书，便经常去听书，听了后便记在心里。加上自己从小读了不少历史小说，听了不少民间故事，所以也想靠说书来维持生活。

由于不知道说书的方法和技巧，也找不到合适的老师可以求教，他只能自己摸索着瞎练一通，效果很不理想，为此也很苦恼。后来，他在旅途中听到一位高明的艺人说书，听后佩服得五体投地。这位艺人叫莫后光，他诚恳地要求拜他为师。莫后光看到这个青年诚实可爱，说书也有较好的基础，就把自己的经验传授给他。

莫后光把说书艺术的基本原理和方法讲给他听，告诉他："说书虽然是一种小技艺，也同学习其它技艺一样要下苦工夫。首先要熟悉各阶层的生活和各地的方言、风俗、习惯，然后把观察和搜集到的材料，经过反复分析，找清它们的因果关系、发展过程。还要学会对掌握的材料加以剪裁取舍，能够把有用的材料组织得恰到好处。

柳敬亭听了老师的教导后，深深地记在心头。他白天到处游街串巷，仔细地观察社会上各种现象，对方言俚语特别注意。晚上回家以后，闭上眼睛细细琢磨白天看到的事情，并把它加工、提炼、融化到历史故事中去，并认真地记在纸上。

他这样学习了几个月后，便去找老师指点。老师让他说了一段书，对他说："现在你虽然能讲出故事，但还没能引人入胜。重要的是时时刻刻要想到怎样把故事说得好，说得动听。有时，故事中的情节要从从容容直叙，一路走来，直达胜境；有时，要简洁明快，开门见山，一目了然；有时要增加一些伏笔或悬念，让听众总想听个究竟，舍不得离去。总起来，在故事的轻重缓急之间，安排的贴切妥当，件件事交代要有头有尾，扣人心弦。"

他听了以后，继续苦心钻研。他经常深入到人们中去，和各种人交朋友。在交往中，他发现，有许多上了年纪的人说起话来很吸引人，而声音又随故事情节的跌宕起伏而抑扬顿挫，感染力很强，尤其是说话时那种胸有成竹的神态，很值得学习。他每天都细心观察、模仿。又过了几个月，他又去请教老师。

老师听了他说的一段书后，说："你现在进步已经不小了，听的人能聚精会神，但还要精益求精。说书的人要和故事中的人物打成一片，这样才能在动作、语言、神态上无不维妙维肖，活灵活现，使自己成了故事中的人物。才能吸引听众进入故事所表现的境界，连他们也忘了自己，忘了是在听书。这才是说书艺术最理想的境界。"

柳敬亭听了老师这番话，信心更足了，学习也更刻苦了。于是他进一步深入生活，熟悉人们的感情、爱好。他还常常说书给人们听，让大家评论，晚上再重新练习一遍，把大家的意见尽量采纳进去。

这样又过了几个月，他又去找老师。这次听了他说的书后，老师高兴得连翘大拇指说："你现在已学到家了。还没张口，你已制造了故事中的气氛，等说起来时，听众的情绪就能够不由自主地跟着故事中的人物共鸣起来了。"老师拍着他的肩膀说："你进步真快啊！真快啊！"

柳敬亭在名师的指点下，经过自己的刻苦研究，努力学习，终于成为一名有名的说书艺人。他走遍了大江南北，到处受到人们的热烈欢迎。

44. 叶桂埋名学医

清代医学家叶桂，苏州人。父亲曾是一位名医。他跟父亲学医，年龄不大便能开方把脉。刚刚 14 岁那年，父亲病逝，他便接过父亲的班，继续行医，居然治好了许多疑难杂症，颇负盛名。这可气坏了另一位年轻的医生，他叫薛雪。他对叶桂不服气，就给自己的书房起了个名，叫"扫叶庄"。

叶桂得知，也十分生气，便以牙还牙，也把书房改了名，叫"踏雪斋"。

没过多久，叶桂的母亲忽然得了病，而且病势很重。叶桂给母亲开了药方，可是吃了总不见好转。这事传到薛雪那里，他对徒弟们说："自古都是医别人容易，医自己难。叶桂爱母心切，舍不得下猛药。其实，这种病非'白虎汤'不可！"不料这番话传出去了。

叶桂得知薛雪的看法，恍然大悟。照方用药果然治好了母亲的病。他亲自前往拜见薛雪，说平日不敬先生，特来请求先生恕罪。

叶桂 18 岁那年，有位举子从江西来到苏州。他患病多年，日渐严重，便请叶桂看病开药。叶桂见他面黄肌瘦，不停地咳嗽，经过望、闻、问、切之后，就说："不用吃药了，赶快回家，越快越好。

如果路上一有耽搁，就恐难与家人见面了。"

举子听了叶桂的诊断，半信半疑，叶桂猜出了他的想法，便说："保证没错，快动身吧。如果我诊断错了，宁愿叫你砸了门外的招牌！"

听了叶桂的忠告，那举子急急乘船返乡，有生之日与家人见上一面。后转念一想，反正病也好不了啦，不如沿途散散心，看看风景名胜古迹，也不算枉活一世。"到了镇江，听说金山寺很好玩，便离船上岸，登山游览。

举子尽兴玩了一天。当天晚上住在金山寺。吃晚饭时，老僧拿出化缘账本，对他说："请为佛事捐点钱吧！"举子想也没想，便将随身所带银两都捐了。老僧连说了几声"善哉"。又见那客人愁眉苦脸的样子，便问："怎么，施主身体不适？"

"岂止是不适？我活不了几天啦！"举子便把叶桂的话重复了一遍。

老僧为他把脉，详细地询问了发病的经过。点点头说："叶桂真是名不虚传，你的病确屑绝症啊！"举子听了心更凉了。

老僧又说："我问你，回江西走旱路还是走水路？"

"我有船，走水路。"

"那太好了，如今正值秋高气爽，正好新梨上市，你装上一船生梨，你整天吃在梨上睡在梨上，不管是渴是饿都吃梨，等到了江西，梨吃没了，再去抓药试试吧……"说罢，老僧开了一副药方。

一年过去以后，江西举子又来苏州拜见叶桂，他说："我没死，砸你的招牌来了。"

叶桂顿时吃了一惊，忙问经何人所治。真是天外有天，强中自有强中手，能人背后有能人啊。叶桂当即取下医牌，前往镇江拜师。

叶桂到了金山寺，怕老僧不予收留，便隐姓埋名，谎称自己是个流浪汉，愿意伺候老僧，讨一口饭吃。老僧见他人很聪明，喜欢学医，便收他为徒。叶桂每日里给病人按方抓药，端屎端尿，十分勤快，有时师傅出诊，他就身背药箱，紧跟其后。

三年以后的一天，寺院里来了个急重病人，当时师傅不在，叶桂就给他诊治。病治好了，师傅归来，看过药方，仰头大笑起来。

叶桂说："药方有不妥之处吗？"

老僧说："好你个叶桂，竟骗了我。除了苏州的叶桂，哪个敢开有毒的砒霜？"

叶桂俯身跪倒，说："徒儿为了学到真传不得不这样做啊！"便讲述了前后经过。

老僧见叶桂身为名医，谦虚好学，不耻下问，十分感动，便将自己的全部医术都传给了叶桂。

叶桂谦虚好学，终于集众家之长，自成一家。他著的《温热论》一书，对温病学说的发展，做出了很大贡献。

45. 毛泽东虚心接受批评的故事

在中国革命的漫漫长途中，毛主席一贯主张谦虚谨慎，戒骄戒躁。他自己就是谦虚的典范，这也正是作为一个领袖的伟大之所在，这里谨向读者介绍毛主席虚心接受意见的几个小故事。

争吵以后的启示

1959 年 *4* 月里的一天，毛主席正主持一次会议。在讲到党内民主生活时毛主席说：我这个人也有旧东西，比如有一次，我的弟弟毛泽覃和我争论一个问题……

说到这里，他顿了一下，接着补充说："这个人已经在江西牺牲了。那次争论，他不听我的，我也没有说服他，就要打他。他当场质问我：'你怎么打人？'事后，他还在一些人面前讲我的闲话，说，'共产党实行的是家法，还是党法？难道我不同意他的意见就打人？如果实行家法，父母亲不在，他是哥哥，也可以打我……'"

这段兄弟之间争吵的往事，已经过去许多年，当年听毛泽覃谈过这事的人，把它作为家常事，根本没放在心上。但毛主席却记在心里，在二十年后还把它提到反对家长制领导的高度来检查，教育党内不能搞家长制领导，要实行民主集中制，对人民对同志不能压服，只能说服，要以理服人。

这是天大的好事

1940年秋天的一个上午，杨家岭前面的山路上急匆匆地走来十几个人。他们是陕甘宁边区留守兵团的领导和所属部队的几位负责同志，来到杨家岭，要求见毛主席。原来，由于我们部队的一些同志没有严格执行"三大纪律八项注意"，受到驻地群众的批评，这些同志想不通，埋怨地方党组织对群众教育不够，要求向毛主席汇报。

毛主席听说这些同志来了，就说："赶快请各路诸侯进屋来谈谈。"听了大家的意见以后，毛主席说："我看这是天大的好事！"大家一听都愣住了。毛主席接着说："开天辟地以来，中国几千年的历史，都是老百姓受官府的气，受当兵的欺侮，他们敢怒而不敢言。现在他们敢向我们提意见，敢批评军队，这是多么了不起的变化啊！这说明我们边区的民主已深入到群众中去了。……我看边区政府民主建设工作做得很有成绩。我们的军队有广大群众当老师，你们搞军队工作的就不会犯大错误了。边区大有希望！"

有人骂了自己以后

1942年8月的一天，外面下着大雨，陕甘宁边区政府小礼堂正在开征粮会议。忽然一声雷响，礼堂的一根木柱被劈断了，出席会议的延川县长李彩云同志不幸触电而死。这件事传出后，有的群众说：为什么雷没有劈毛主席？

这话传到毛主席耳里，毛主席没有叫人去追查骂自己的人，更没有去抓什么"反革命"，而是向干部了解"骂"的原因。

原来，边区政府下达的征粮任务重，群众有意见，便借霹雷一事发泄不满。毛主席知道原委后，立即指示有关部门将征收公粮任务从二十万担减至十六万担。这件事的处理，使党群关系更加亲近，毛主席在群众中的威信更加高了。

我不是圣人

1961 年 8 月在庐山，有一天毛主席和在他身边工作的张仙朋聊天，谈起他的志向，说他有三大志愿：一是要下放去搞一年工业，搞一年农业，搞半年商业，这样使我多调查研究，了解情况。我不当官僚主义，对全国干部也是一个推动。二是要骑马到黄河、长江两岸进行实地考察。我对地质方面缺少知识，要请一位地质学家，还要请一位历史学家和文学家一起去。三是最后写一部书，把我的一生写进去，把我的缺点、错误统统写进去，让全世界人民去批评我究竟是好人，还是坏人。说到这里毛主席叹了一口气，又说："我这个人啊，好处占百分之七十，坏处占百分之三十，就很满足了。我不隐瞒自己的观点，我就是这样一个人，我不是圣人。"

46. 刘少奇鞠躬请讲真话

会场上，人们正数着人民公社、公共食堂这样好、那样好。一位老人从桌边站起来，摘下青呢帽，露出满头银发，恭恭敬敬地向大家鞠了一个躬，用地道的宁乡腔恳求道："我给大家行个鞠躬礼，敬请大家对我讲点真话，反映点真实情况好不好？"

会场上霎时静了下来，大家面面相觑，不知所措，因为那谦虚和蔼，鞠躬施礼的老人是中共中央副主席、中华人民共和国主席刘少奇！

这是 1961 年 4 月的一天。当时，刘少奇同志来到湖南搞农村调查，先是在长沙、宁乡，听取中央调查组的汇报，听的情况虽比在北京多了一些，但仍是真真假假。于是，他又亲自来到长沙县当时树立的一个典型大队作实地调查。哪知这个大队被人统一了口径，前来参加会的人，异口同声，歌功颂德说假话。可就在刘少奇来湖南的路上，看到了荒凉的田野，饥饿的人群，妇女们在田地里挖野菜，老人孩子在树下采树叶。可是，在会场上又听到这个大队干部、党员言不由衷，睁着眼睛说假话，刘少奇非常恼火，真想狠狠批评一顿，可他是国家主席，有火也不能发，只好忍住气，严肃地给大家鞠了一个躬，求他们讲真话。然而，就是这样，会场上也没有人敢说一个"不"字。面对如此沉闷闷的局面，刘少奇感到有点凄凉，有些惆怅。于是他在 5 月 8 日回到了阔别 40 年的家乡宁乡县花明楼炭子冲。他没有惊动区社干部和邻里乡亲，就在自己出生的房间里，搭起了一个临时床铺，把一张陈列用的旧木桌，收拾了一下，权当办公桌。第二天，他让随从人员请来了老朋友成二爷和黄老倌，让他们谈谈家乡情况，说说心里话，而后又拜访了许多乡亲们。大家看到国家主席这样平易近人，谦虚礼貌，诚恳听取意见，便讲出不少真实情况。

47. 宋庆龄向小孩子道歉

宋庆龄，为人祥和、谦虚，从不居功自傲，哪怕是对待小孩子，她也十分认真、尊重。

宋庆龄十分喜欢清洁。她看到有的女孩子头发脏了，就提醒赶

136

快洗头，看到有的孩子指甲长了，就取出指甲刀帮助修指甲。遗憾的是，有一次在提醒孩子注意卫生时，却出现了差错。

那是初春的一天，宋庆龄来到中国福利会儿童艺术剧院看望小演员们排练节目。她边走边看，有时站下来点着头夸赞小演员表演逼真，有时弯下腰来询问孩子衣服合不合适，有时将耳朵侧过来，听孩子们向她讲着什么悄悄话。

当她走到小演员陈海根面前时，眉头微皱，说："你叫什么名字？"陈海根腼腆地回答："陈海根"。"瞧，你的脖子那么脏，快去洗。"

陈海根站在那里没有动，想说什么，可又没说出来。宋庆龄以为陈海根不接受意见，就又和蔼地说："只有讲究卫生，才能身体健康，不生病。有了健康的身体，才能做好革命工作。""是！"陈海根说话了，但好像带着一丝委屈。宋庆龄以为陈海根懂了，就转身跟另一位小演员讲话。

"宋奶奶——"有几个小演员大着胆子叫道。

宋庆龄急忙回过头来，她一眼看到陈海根还站在那里，脸涨得绯红。她又望望叫她的几个孩子，问："你们——"

孩子们七嘴八舌的说："陈海根的脖子不是脏，是黑。"

"他生来皮肤就黑！"

"您冤枉他了！"

宋庆龄一下子愣住了，眼里闪着歉疚的光，仿佛在自责："我太粗心了！"

她急忙走到陈海根面前，轻轻抚摸他的头，仔细一看，可不，果然是黑皮肤。

她带有歉意地笑了，拉起陈海根的手，诚恳地说："孩子，我搞错了，请你原谅我！"陈海根急忙摇头说："不，不，宋奶奶，不能怪您，应该怪我的脖子，确实太黑了，怎么洗也洗不白。"

宋庆龄爱抚地拍了拍陈海根的肩膀，说："好孩子，谢谢你安慰我。是我错了，我应该向你道歉，请你原谅我。"

"宋奶奶——"孩子们都被宋奶奶的话语感动了。

48. 董必武的处世为人

董必武德高望重，淡泊名利地位，堪称一代楷模。

董必武常和身边的工作人员和家属子女讲他在工作生活中如何处世为人。

他说，他像一块碎布，哪里需要就到哪里去打补丁；也可以做抹布，哪里有灰就到哪里去抹。

他说，演好一出戏，要有主角，配角，也要有跑龙套的。干革命工作也一样，不能只愿做主要领导工作，不愿做次要的一般性工作。他说不要小看跑龙套，跑龙套也要认真，也要努力，不然也会搞成像有个相声说的那样"一边一个一边仨"的情况。

他说，打好一套锣鼓也不简单，惊天动地，威武雄壮的中心鼓当然很重要，但补空配合的边鼓也不能少。中央的工作就像一支大乐队，有司鼓、有司锣，有司钹，有司弦，他说他就是那个敲边鼓的。

董必武就是这样对待革命工作，不分贵贱，不分高低。为了整体的成功，他甘愿"打补丁"、"跑龙套"、"敲边鼓"。

1956 年 3 月，年逾 70 的董老回到阔别已久的家乡——湖北省红安县。回乡的第三天，他在县委机关会议室亲自主持召开座谈会，只准备了一些茶。被邀请的有老红军、老赤卫队员，红色地下交通员，烈士军属以及董老的老同学、邻居、亲属等。

大家陆续到来,他一直迎候在楼梯上,先到的见董老没入座,也都不愿入座。董老笑着说:"今天你们是客人,我是主人,快坐,快坐。"董老既当主人,又当招待人员,跟大家一起,开了个热情洋溢的座谈会。

49. 徐特立称毛泽东为师

徐特立是毛泽东的老师。他谦虚好学,在72岁的时候,还制定了一个20年的学习计划。他说:"只有不断学习新东西,才能永远不衰老。要是不学习,思想一停止,人就真的老了。"

一天,有个来访的客人对徐特立的小孙女说:"你爷爷是毛主席的老师。"徐老听了,连忙摆手说:"不要这么说,不能这么说,毛主席才是我的老师哩!"

他见客人感到奇怪,便慢慢地解释说:"毛主席年轻的时候在湖南第一师范读书,虽听过我讲的课,这是事实。可我走上革命的路,是党和毛主席指的道,几十年了,我总是向毛主席学,跟共产党走。应该说,我不过是毛主席的一日之师,而毛主席则是我的终身之师。"

实际正是这样。徐老学习毛主席著作从来都非常认真,不但在书上划重点、加批注,还做详细的笔记,写下许多的体会。年老以后,眼睛花了,看普通铅印的书非常吃力,徐老就把毛主席的有些重要著作用大字抄写下来,一大张一大张地挂在墙上,反复诵读。

在徐老60寿辰的时候,毛主席给他写了一封贺信,信中写道:"你是我20年前的先生,你现在仍然是我的先生,你将来必定还是我的先生。"当有人谈起这封信的时候,徐老就说:"你们学习这封信,依我看,首先不要看毛主席对我的赞扬,你们应当学习毛主席尊敬师长，谦虚好学的高尚品德。"

徐老平日对家里人说得最多的，总是讲毛主席怎样领导中国革命夺得了一个又一个的伟大胜利。有人来采访徐老生平事迹，他总是一再地说："不要写我，我是过时的人了，你们应该宣传毛主席。"

湖南省有关部门订了一个计划，要绿化徐老的家乡长沙五美乡，打算在那儿种一些比较名贵的树，美化一下徐老的故居环境。徐老收到计划蓝图后，专门回信，不同意为他的旧居花钱，而应该普遍绿化农村。

不久，徐老去湖南参加省人民代表大会，又特地派秘书去林业厅转达他的意见：把那些名贵的树籽都种到韶山去，去韶山参观的人多，有不少是世界各地来的外宾，把那儿的环境布置好，才更有国际意义。

50. 刘伯承谦虚自束

朱德称赞刘伯承"不但骁勇善战，足智多谋，而且在军事理论上造诣很深……为国内不可多得的将才"。叶剑英赞他"太行游击费纠缠，撑住平辽半壁天"。陈毅赞他"论兵新孙吴，守土古范韩"。

革命同志的赞扬使刘伯承十分不安，他坚持不让别人称他为军事家，始终把自己看成是中国人民解放军中的普通一兵。

1947 年 *6* 月 *8* 日，在安阳召开的功臣大会上，刘志坚领着冀南人民的代表，把绣有"常胜将军"的横匾送给刘伯承司令员。刘伯承在致答辞时谦逊地说："说我是常胜将军，我不敢当。不会是常胜，多数胜就不错了。是党的功，人民的功，我不敢贪天之功奉为己有。我只是人民的勤务员，没有人民给吃、给穿、给人，军队就不能打胜仗。"

1948 年 5 月，中原军区政工会议结束前，请刘伯承去讲话。他因要去前方指挥作战，不能到会。行前，他对副政委张际春说："我有一个意见请转达给到会的同志，这是我自己常想的一个问题，一个革命军人，如果离开了党的领导，就不能成为一个革命军人。不管你是多高的指挥官，权威有多么大，一个口令能使上千上万的人为你立正。但这些都是党给予你的，你个人没有什么可以骄傲的。你如果昏头昏脑地骄傲起来，走向军阀主义，那你就要离开党，那是非常危险的。"

1952 年，刘伯承在南京军事学院任院长。建军节前夕，他从北京开会回来，看到几个文化干事正在大礼堂前悬挂标语，其中一条写着"攻书求实用，应如攻坚求战果"。这句话是刘伯承为院报创刊两周年的题词。他对文化干事说："快把这条标语撤下来！我的话怎么能写到标语上去呢？不行，快把它换掉！"

苏联要出百科全书，有一条目：刘伯承。介绍他简要的经历和对中国革命的重要贡献。当时，中宣部的同志起草了一份稿子。刘伯承看到在简历的介绍中写着"革命军事家"几个字，他便拿过毛笔，把"革命军事家"改成了"革命军人"。

李秘书看了，提意见说："您是有名的军事家呀，怎么能和普通军人一样称呼呢？"

刘伯承微笑着，一边指着"革命军人"几个字，一边耐心地解释道："要讲军事'家'，应该说革命军队是个大'家'。没有大'家'，哪有这个'家'，那个'家'。不要说自己是军事'家'，我们都是在毛主席军事思想指导下才打了胜仗的，是靠了许多革命军人英勇奋斗才取得胜利的。我只是一个普通的革命军人"。

刘伯承就是这样谦虚，这样自我约束的。

51. 彭德怀三次避开镜头

彭德怀出国访问时，常遇到一些人的称颂。有一次在苏联被几个老头拦住，谈了起来。翻译告诉彭德怀，大家称颂他是"百战百胜的中国将军"、"创造战争奇迹的英雄"、"第一个打败美国军队的统帅"。彭德怀回答说："你们搞错人了，我不过是一个普通军人，打过胜仗，也打过败仗。至于打败美国侵略军的，是朝鲜和中国的英雄人民和军队，英明的统帅是毛泽东同志和金日成同志。"后来，他告诉翻译："以后有人给我吹这样的牛皮，你不要翻译了。你对他们说，是别人胡吹的！说我彭德怀听了这话就要脸红！"

彭德怀的一生，是战斗而胜利的一生，又是胜利而谦逊的一生。

那是在 1947 年的时候，解放大西北的战斗正在进行。随军记者带着国际友人送给解放区的第一部摄影机，跟随彭德怀司令员的西北野战军，转战大西北，在艰苦的环境里拍下了许多珍贵的镜头。可当他拍摄彭德怀的镜头时，却三次都碰了壁。

第一次是在榆林战斗打响之前。彭德怀正在前沿察看地形，记者端着摄影机出现在彭德怀近前，彭老总察觉了，马上把脸扭向一边，避开镜头，同时右手一扬，说："你不要对着我。你到战士中间，多拍战斗场面。"

第二次是沙家店战斗前夕。记者出其不意地出现在彭德怀眼前，正要举机拍摄，彭老总眼疾手快，挪动身子，站在不好拍摄的位置，对大家说："你们看，搞电影的又来了，小鬼！"

记者改变位置，执意要拍，彭老总硬是不肯合作。记者还想尝试，见彭德怀努起嘴，知道要批评人了，只好失望地走开了。

第三次是在宜川县瓦子街。这天，西北野战军政治部主任甘泗淇等人，随同彭德怀在两山之间摆陷敌的"口袋阵"。彭老总举目四望，雪后的山山岭岭、沟沟岔岔，一片银白，寒风掀动着他旧军大衣的下角。记者兴致勃勃地走过来，彭老总看见了，笑吟吟地说："'文化人'又来了，你又要干什么？"记者赶忙插上一句："不好完成任务。"他说完就举起机子，调整镜头。彭老总连连摆手："你有你的难处。今天就不要拍了。"

记者心里焦急，可有什么办法，摄影机显眼，每次都躲不过彭德怀的眼睛。不管位置好不好，端起机子抢拍吧，战争年代，胶片来之不易，一点也浪费不得。

"你把镜头对准他们。"彭德怀指着远处筑工事的指战员们说："不要老在我身边打主意。"说完，收起了笑容，努起了嘴……

记者最终也没抢上彭总的镜头。

52．罗荣桓的二三事

罗荣桓埋头工作，不愿出头露面，更反对对他个人的宣传和颂扬。照相、题词、上主席台之类的活动，他都尽可能避开。

1945年4月，党的第七次代表大会在延安隆重召开，罗荣桓在会上被选为中央委员。消息传到山东，同志们都特别兴奋，宣传部的一些同志则酝酿印制他的头像。罗荣桓知道后，把宣传部副部长陈沂找了去，叫陈沂制止这件事。陈沂解释说："这是同志们对你的尊重。"罗荣桓摇摇头说："尊重可以，但不必把我的像挂到墙上去呀！"在罗荣桓的一再坚持下，他的头像始终没有印成。

建国以后，罗荣桓元帅任中国人民解放军总政治部主任。有一次，《解放军报》发表的一则关于民兵工作的消息中，有几处提到罗荣桓的活动和指示，他看了后给总编辑打电话说："罗荣桓给了你们什么贿赂啊！为什么左一个罗荣桓元帅，右一个罗荣桓元帅的宣传，这样做没必要嘛！工作又不是我一个人做的。"

在和同志的关系上，他也十分谦虚谨慎。有一天晚上，罗荣桓夫人林月琴接到一位同志的电话，说要来看罗帅。林月琴同志怕影响罗荣桓的休息，便另约了时间。第二天林月琴向罗帅谈了这件事。罗荣桓严肃地说："这样不好，过去在山沟里打游击，什么时候来人，就什么时候见。睡着了还叫起来呢！这个同志晚上要来，可能有急事，时间是晚了一些，那有啥关系？能谈就谈，不能谈见见面也是好的嘛！你这一挡驾，恐怕他一宿都睡不好。"吃过早饭，罗荣桓元帅亲自去看了那个同志，那个同志十分感动。

53. 贺龙改诗谈英雄

贺龙（1896—1969），湖南桑植人，无产阶级革命家、军事家，中国人民解放军的创始人之一。

1927年，贺龙到达南昌的第二天，前敌委员会书记周恩来亲自来到贺龙的住处，把前委会决定举行武装起义的情况，详细地告诉了贺龙，并代表前委任命贺龙为起义军总指挥。贺龙听了，坚定地说："很好，我完全听党的话，党叫我怎样干，我就怎样干。"

贺龙召集了二十军团以上的军官会议，亲自做了起义动员，他说："国民党已经叛变了革命，我们今天要重新树起革命的旗帜，反对反动政府，打倒蒋介石……我们今后，要听共产党的领导，绝对服从共产党的命令。"

"砰！砰！砰！"在总指挥部的楼顶，红色信号弹划破夜空。8月1日凌晨2点，具有历史意义的南昌起义爆发了！

经过激烈的战斗，光荣的"八一"南昌起义胜利了。后来，党中央把 8 月 1 日定为我党的建军节。

1941 年 8 月 1 日，兴县举行文娱晚会，庆祝"八一"建军节，贺龙应邀参加。

帷幕徐徐拉开了，一个英俊的少年站在舞台的中央，慷慨激昂地读着他的诗作：

"我要讲一个英雄的故事，

这个故事，

就是南昌起义；

这一个英雄，

就是您啊——

我们的贺老总！"

刚刚朗诵到这里，台下突然有人喊："小鬼，你这一句诗不对头，南昌起义怎么只有一个英雄呢？""少年诗人"心里一愣，顺声音看去，喊话的正是诗中赞美的贺龙，心里就慌了，可一想到贺老总有个爱和台上演员说话的习惯，就定了定神，准备继续朗诵下去。

这时，贺龙站了起来，把他招呼到跟前，亲切而认真地说："小鬼，你朗诵的很有感情嘛！但观点和事实不对嘛。我告诉你，南昌起义主要领导人是周恩来副主席，还有朱德、叶挺、刘伯承、聂荣臻等许多同志，怎么能说只有一个英雄呢？那时，我还不是共产党员，起义后半个月由周恩来介绍入党的呢，能算个什么英雄？"贺老总的实事求是的精神和谦虚品德使那个小鬼非常敬佩，贺老总的批评，也让他很是不安。他脸红了。

看了看小鬼的神情，贺老总又说："不过，你也不要着急，好好改改，改好了再向部队朗诵。下一次朗诵的时候，我一定还来听。"

54. 邓小平谦虚改字

邓小平是卓越的党和国家领导人，优秀的无产阶级革命家。

1983 年 6 月，中共中央办公厅的同志把"学习雷锋标兵"朱伯儒的事迹材料，报送邓小平，请邓小平题词。

邓小平认真阅读后，思考片刻，然后提笔在宣纸上写道："向朱伯儒同志学习，做一个名符其实的共产党员。"

他把这份题词交给办公厅的同志，说："请不要急于拿去发表，应该请语言学家推敲一下，看看有没有用字不准确的地方。"

办公厅的同志去请教语言学家王力先生。王力接过题词，戴上花镜，一字一字地推敲。念了一遍又一遍，不住地点头说："好，写得好！"当王老又念一遍时，眼睛停在"名符其实"的"符"上，说："不过，'名符其实'的'符'，现在已不使用了。如果就这样，用字不规范，最好用'副'字。"说着用铅笔在"符"字旁边写了一个"副"。

办公厅的同志回来后，拿着改过的宣纸指给邓小平看。"王力先生说，'名符其实'的'符'不规范，应该用这个'副'。"邓小平十分高兴，说："改得好，改得好。虽然，过去用这个'符'字，现在不用了，就是错别字了。老师写了错别字，贻误了学生，国家领导人写了错别字会影响国民的文风。这叫上行下效嘛！你去替我好好谢谢王老！说我显些做错了一件大事。"

他又要来一张纸，仔细地把"向朱伯儒同志学习，做一个名副其实的共产党员"写在上面。写完后，又用笔点着，念了一遍。尤其念到"副"字时，停了好一会儿。

邓小平认真改字，被传为佳话。他乐于纳言的品格，是我们学

146

习的典范。

55. 华罗庚与陈景润

华罗庚（1910—1985），江苏金坛人，当代世界著名的数学家。他初中毕业，自学成才。在数论、矩阵几何学、典型群等许多领域都做出卓越贡献。著有论文200多篇，专著十几本。

华罗庚虽然成就卓著，仍十分谦虚。他有一篇数学名著叫《堆垒素数论》，自发表以来赞誉不绝。

年轻的厦门大学图书管理员陈景润，在研究华罗庚《堆垒素数论》时，发现这篇名著，在阐述它利问题上有重要谬误。经过反复研究，确信自己的见解正确无疑，就写了一篇驳斥它谬误的论文，附以短信，一并寄去。信中写道："您是数学王国里的一颗明星，照亮我这个数学爱好者的眼睛，我不胜感激。但是，明星上也可能有微尘，我愿帮助拂去。"

华先生看了信，读了论文，激动不已，拍案叫绝："对，对，太对了！反驳得如此中肯，如此有力！"他若有所思，说，"这位年轻人身上，该蕴藏着多么大的潜能啊！"

1956年，中华人民共和国第一次数学讨论会在北京召开。华老主持这次会议。当他走上主席台时，宣布的不是大会开始，而是另外一件人们意想不到的事情：

"一位年轻人，给我寄来一篇论文和一封信，对我的《堆垒素数论》中的它利问题提出了商榷，弥补并改进了它利问题。"说这话时，华老显得那么深沉，那么庄重："我提议破格接受这位年轻人参加数学学术讨论会！"

会场上响起了热烈的掌声，经久不息。一些老一辈数学家落下

147

热泪。大家是为年轻一代数学爱好者的进取而激动，更是为老数学家的谦虚而激动。

华罗庚把陈景润调到中国科学院数学研究所，留在自己身边……

后来，陈景润摘取了数学王冠上的明珠，攻克了 200 年来世界著名数学难题——哥德巴赫猜想，也成了著名的数学家。

56. 陈毅的座右铭

陈毅一生为党和人民立下了卓著的功勋，可他却总是时刻告诫自己："慎之又再慎，谦虚以自束。"

他的办公桌上，有一个大铜墨盒，墨盒上刻着他的手迹："满招损，谦受益，终日乾乾，自强不息。"

这就是陈毅为自己写下的座右铭。陈毅元帅是这样写的，也是这样做的。

1956 年，南京军区政治部前线话剧团在北京上演《东进序曲》。南京军区政治部主任肖望东同志在三座门招待所召开了一个座谈会，陈毅也应邀参加了。剧中通过敌人的口，说出了这样一句台词，"陈毅有大将风度！"陈毅在座谈会上说："你这个肖主任啊，怎能在剧本上写出这样的话呢？你让我陈毅往哪里钻啊？我要钻到桌子底下去了！叫我脸红啊！请你和作者商量一下，一定要把这句话改掉。"

事后，他找肖望东说："剧中自始至终都不要提陈毅的名字！"

剧作者听了陈毅的话，十分感动，他们说："从实际生活来看，打胜东进这一仗，的确显示了陈老总的非凡魄力和杰出的领导才能。陈老总不愿提到他的名字，这是他的谦虚。"

在文学生涯中，陈老总也是这样。

有一次，他寄给《诗刊》三首诗，在信中他写道："把近来写的三首诗仓促定稿送《诗刊》凑趣，如蒙登载，要求登在中间。"他风趣地说："我愿做'中间派'。如名列前茅，十分难受；因本诗能名列丙等，余愿足矣！"后来在送《冬夜杂咏》一组诗时，他又在信中写道："为《诗刊》凑趣，得旧作《冬夜杂咏》抄来塞责，仍请按旧例放在中间或末尾为妥。"

他在给作协书记处的一封信中又这样写道："至于文艺写作，得便即大胆尝试，工拙不计。想做革命又写革命，此宏愿也，何日能达到几分，不敢预言，愿努力为之"。

陈毅的谦虚，自强不息的精神为青少年树立了良好的楷模。

57. 郭沫若谦虚的故事

郭沫若同志才华横溢，学识渊博，但他却非常谦逊。

一次，《沫若文集》开始分卷发行的时候，一位上海的中学生对文集的个别字提出了意见，郭老热情地回信感谢，并准备将行将出版的各卷文集分送给他，嘱他读后再提意见；又一次，话剧《屈原》演出时，幕间郭老与饰婵娟的演员谈到婵娟斥责宋玉的一句话："宋玉，你辜负了先生的教训，你是没有骨气的文人。"郭老认为在台下听来有些不够味。饰钓者的演员正在旁边化装，插口说："'你是'不如改成'你这'，'你这没有骨气的文人'就够味了。"郭老接受了他的意见，并写了短文附于剧本之后，称这位演员为"一字之师"。

郭老的《甲申三百年祭》，就是从历史事件中，总结经验教训，要人谦虚。他在《日本的汉字改革和文字机械化》一书中，写到："我同汉字同呼吸了六十多年，对汉字有着深厚的感情，但，无可讳言，这优美而具有独创性的文字，……字数太多，读音不准确。我虽用了它六十多年，而直到现在还会碰到不认识的字，非查字典不可。"这位众人公认的现代中国学者中认得最多汉字的人竟是这么谦虚。还在作家沙汀称赞他在文学诸方面的贡献时，郭老说："十个指头按跳蚤，没有一个按到啊。"这就是郭老对待自己成就的态度。

58. 吴玉章晚年的《座右铭》

吴玉章同志在81岁时，为自己写了一篇《座右铭》："我志大才疏，心雄手拙，好学问而学问无专长，喜语文而语文不成熟。无枚皋之敏捷，有司马之淹迟。是皆虚心不足，钻研不深之过，年已八一，寡过未解，东隅已失，桑榆未晚。必须痛改前非，力图挽救。戒骄戒躁，毋怠毋荒。谨铭。"这段话的意思是这样的：我志向大，才能小，心里想的雄伟，然而手不灵活，爱好学问但学问方面没有专长，喜欢语文但语文也不成熟。没有枚皋的敏捷才思，只有如同司马相如的迟钝思想。这都是我虚心求学不够，钻研学问不深的过失。现在我已81岁了，想少犯过失而未能达到目的。青春的时光已经消逝，暮年抓紧仍不算晚。必须下决心改正以前的错误，努力求得挽救的机会。力戒骄傲，力戒急躁，不要怠惰，不要荒废。慎重地写了这篇铭文以牢牢记住。

吴老革命的一生，学识渊博，严于责己，决不满足，八十一岁尚且努力，难道我们不应该以吴老为榜样，更加勤恳地学习和工作吗？

59. 许光达上书要求降衔

许光达（*1908—1969*），湖南省长沙县人，原名许德华。*1925*

年入党，1930 年在贺龙领导的二军 17 师任师长。1938 年初从苏联回到了延安，先任抗大总校训练部长，后任抗大教育长。1950 年 5 月被任命为中国人民解放军装甲兵司令员兼政治委员。

许光达的妻子叫邹靖华，也是久经革命考验的老同志。

建国初期的一天，许光达严肃地对妻子说道："靖华，有件事我要和你商量。中央和军委决定授予我大将军衔，可我受之有愧。好多资历比我深、贡献比我大，当过我的直接领导的同志，被授予上将军衔。相比之下，我是高了些，心里很不安。"许光达说得是那样的真诚，连妻子也跟着不安起来，焦急地问："那该怎么办？"许光达接着说："我已上书中央军委和毛主席，要求降为上将。可是，被驳了回来。毛主席讲这是集体讨论定的，是全面衡量的，照顾到方方面面，就这么定了。我给总政治部干部部的宋部长打电话，要求降格。他们回答说，按主席和军委的指示办。我真不知道该怎样办才好，你帮我拿拿主意吧！"

面对身经百战，伤痕累累的将军，妻子激动了。什么事难倒过将军呢？这一次倒真的把他难住了。一时邹靖华也拿不出好主意。沉默，沉默……突然，许光达发现妻子眼睛一亮，便急切地问："你有主意了！"妻子慢条斯理地说："你看这样好不好？军衔降不下来，要求降低行政级别行不行？这样，不就同别的大将有所区别了吗？"

许光达连声说："好！好主意！我马上给中央军委打报告，要求行政级降一级。"他激动地握住妻子的手："你可真是我的贤内助啊！真是生我者父母，知我者靖华也。"

许光达要求降级的报告被军委批准了。他的行政级定为 5 级。这就是我国 10 位大将中，其他 9 位大将都是行政 4 级，惟独许光达是行政 5 级的原因。

60. 丰子恺嗜好"偷听"

丰子恺先生是中国近代著名的文学家、翻译家和美术家。他在青年时代作画时，喜欢从人民的日常生活中取材，并能向生活中的内行请教，虚心倾听他们的意见。

有一次，他曾作过这样一幅画：一个人牵着几只羊，每只羊的颈子上都系着一根绳子。画好了挂在墙上，正好被给他家挑水的青年农民看见了，那个农民笑着说："牵羊的时候，不论几只，只要用一根绳子系着带头的那一只，其余的就都跟上来了。"他听了以后恍然大悟，同时想起了杜处士的故事。他重画了一张，然后把那故事讲给女儿听。他说从前有个杜处士，珍藏着一幅"斗牛图"，是唐朝名画家戴嵩的作品。有一天他把画拿出来挂在门上晒，一个过路的牧童看到了，说："画错了！画错了！"杜处士听了心里想，一个乡下小儿竟敢批评起名画家来了，这还了得，便很不以为然地问错在哪里。牧童说，两牛相斗，牛最用力的是两只角，尾巴总是紧紧地夹在两股中间的；画上的两只牛，尾巴都翘起来，这不是画错了么？丰先生讲完故事很感慨地说，看来要画好画，不但必须仔细观察事物，还应该多向各种各样的人请教。

丰子恺喜欢偷偷听取批评的意见。在他的"画师日记"里有一段话写道："赞美的话不足道，批评的话才可贵。"为了听到真实的批评话，他常常偷听别人对他的画的评价。有一次，他住在嘉兴的时候，带孩子们到烟雨楼去玩。当女儿剥吃南湖菱的时候，忽听邻座有几位游客提到父亲的名字，她正要说话，丰先生立刻示意她不要出声。这时有个人说："丰子恺画的人真怪，有的没有五官，有的脸上只有两条横线。这难道算是时髦吗？"其实这是丰先生受到日本画家竹久梦二的影响，叫做"有意无笔"或"意到笔不到"。这样可以更含蓄，更耐人寻味，更给人以遐想的余地。但丰子恺还是吸取了那位茶客的意见，从此在人物刻画上更下工夫，注意通过生动的姿态来表达没有五官的面部的神情。

还有一次，那是在 1940 年，丰先生全家流浪到贵州遵义，寄居在郊外的一座庄院里。有一天他的女儿随他到庄前田野中去散步，走累了坐在一条石凳上歇脚。不一会一群人路过这里，见了石凳，也坐下来闲谈。其中一个人指着庄院说："你们知道吗？丰子恺就住在这个庄院里。"大家一听就纷纷议论起丰先生的画来了。丰先生立刻把头靠在膝上假装打瞌睡，深怕被他们认出来了听不到心里话。他们说了些赞美的话，什么"独具一格"、"中外闻名"之类。惟独一位五十左右的人发表了不同的意见。他说："我总觉得丰子恺画的背景比较单调，往往几幅画背景都差不多。再说他最近在报上发表的几幅画，人物穿的是内地服装，背景却是江南的。看来他画惯了江南的山水，内地的山水一时还画不像。"这些意见丰先生一一牢记在心，一回家就记"画师日记"，记的全是批评话。从那以后，他常常到郊外去写生。按照别人的意见仔细观察，认真写生，把当地的山形水色，一一收入画册，尽量表现生活的本来面目。

61. 老舍从不摆架子

老舍，中国现代著名的文学家和戏剧家。原名舒庆春，又名舒舍予，老舍是他的笔名。他一生创作勤奋，产量甚丰。代表作有长篇小说《骆驼祥子》、《四世同堂》。解放后创作了话剧《茶馆》和《龙须沟》。1951 年北京市人民政府授予他"人民艺术家"的光荣称号。

　　老舍自幼丧父，过着贫民的生活，和平民百姓有着深厚的感情，所以当了大作家也不摆架子，总是虚心向有丰富阅历的人请教。他在创作长篇小说《骆驼祥子》时，为了深入了解车夫的思想感受，一有空儿就跟在车夫后面，等他们闲下来时，就凑过去聊天。

　　有一次，一个阳光灿烂的中午，有一位老车夫蹲在墙角，老舍也蹲下去跟他说："天真不错，您歇着哪？"车夫点点头，说："您是干嘛的？""教书的。""您想坐车？""不，闲着没事，跟您请教。""不敢当，不敢当，您想问什么？""我也想拉洋车，您看我成吗？""您哪，吃不了这份苦。""我琢磨着，拉车还比教书强吧？""哪儿的话！"老人打开了话匣子，讲起了拉车的辛酸与苦难。

　　老舍一面听，一面往心里记。一会儿，老人不讲了，说："得，我还没饭钱呢，改日再聊吧。"老舍便急忙从怀里掏出钱来："给，拉我一趟。"

　　老舍坐在车上，没有几步，他跳下来，说："咱俩换换位，让我也过过拉车的瘾吧！"

　　老舍拉着老人，老人想，这人真怪，倒拉起我来。他哪里知道，老舍正在"体验生活"呢。

　　老舍认为各阶层的人没有什么高低贵贱，也从不认为演戏的地位低下，他拜他们为老师，汲取了不少对创作有益的营养，因此，才有后来震惊文坛的《龙须沟》和《茶馆》的问世。当他已有了很高的知名度时，也从不认为自己有什么天赋，更不是神童。他曾把写作比作农民种田：农民一年四季不论风天雨天都得下地干活，天天农具不离手，写作也是一样，要时时不离纸笔。他还把谈写作的书名题为《老牛破车》，颇耐人寻味。话剧《西望长安》的名字是取自古诗《西望长安不见家》，意思是说这部作品"不见佳（家）"，很值得深思。

1938 年，在抗日后方汉口成立了中华全国文艺界抗敌协会。人们请他出任总务部主任，他在誓词中说："我是文艺界中的一名小卒，十几年来日日操练在书桌上与小凳凳之间，笔是枪，把热血洒在纸上……在我入墓的那一天，短碑上刻：文艺界尽职的小卒睡在这里。"作为一个"人民的艺术家"有如此谦恭坦荡的胸怀，不能不令后人钦佩。

62. 陈永康不耻下问

陈永康是全国著名的农业劳动模范，他有许多头衔，诸如江苏农科院副院长，省科协副主席，中国农学会副理事长等等。头衔多，荣誉多，名气也愈大。但他从来不居荣自傲，始终保持谦虚谨慎的态度，勇于否定自己，不断有所创新。他谦虚不自满，勇于接受新事物的高尚品德，受到同行的敬佩和赞誉。

在陈永康的眼里，"众人是圣人"。他在向广大群众推广自己的经验时，十分注意学习群众的经验，从而使自己的一套水稻高产经验不断得以充实。

无锡县东亭乡有个省劳模叫潘泉生，十年前在省里开会时和陈永康同住一个房间。这位 20 岁刚出头的农村小伙子，白天晚上盯着陈永康，一有空闲就向他请教农业科研方法。几十年过去了，这小伙子成功地培育出一个新的水稻良种。陈永康听到消息后，五次专程去看小潘的 200 亩丰产田。潘泉生的年龄和陈永康当劳模的年龄相仿，但陈永康在小字辈面前也一样不耻下问。

一次，陈永康去无锡县安镇乡会见创造水稻条寄育秧技术的江苏省劳模滕子明。不巧，这天大雨滂沱，地上水哗哗地流。滕子明想：这么大雨，陈永康不会来了。正在这时，陈永康竟撑着雨伞走来了。人们看到他那被雨淋湿的衣服，沾满泥浆的胶鞋，劝他休息一会儿，等雨小了再下地。陈永康笑笑说："种田人下雨也要跑田里去呀！"说罢，拉上滕子明来到草绳育秧新方法的试验田。在泥泞的田埂上，他俩蹲在雨中，热烈地讨论起来……

陈永康经常告诫自己："任何先进的生产经验都不会是十全十美的，都不会好到了顶点。老经验千万不能变成保守思想的老框框，新事物最怕的就是老眼光。要不断充实自己，不断有所进步，窍门只有一个，向群众学习，向科学家学习，向一切有长处的人学习，干到老，学到老，边学边干，边学边钻……"

不墨守陈规，虚怀若谷，不断向新的领域开拓，使陈永康晚稻高产经验更加充实。在《陈永康晚稻高产栽培经验》一书出版后，他谦虚地说："现在推广的这套陈永康经验，经过科学家们的总结提高，又经过各地群众在运用过程中的补充、发展，成了集体的智慧和集体劳动的产物，不再是我个人的经验了。"还说，"没有党哪会有我的今天！没有党，人家也不会晓得我这个种田佬！"

63. 陈福寿为祖国培养世界冠军

陈福寿是中国羽毛球队副总教练。1954 年从印尼回来后，在中国的羽坛拼搏，至今已有 35 个年头了。他为我国体育事业贡献了半生的精力，用辛勤的汗水浇灌出一大批世界冠军。当队员们夺魁，中国的国旗在赛场上空升起，中国国歌在比赛大厅回荡时，他却悄悄地坐在会场的角落里。是啊，为了这难忘的一次次，他付出得太多太多了。

陈福寿的家离训练馆仅有 200 米远，但他却很少回去。他从没有节假日，没有陪自己孩子逛过公园，看过电影。自己有点小伤，小病时，就悄悄地吃点药，或贴块膏药，不让队员们知道。就这样，他默默无闻地用自己的心血把一个个运动员送上了世界冠军领奖台，又一个个送到教练岗位上。福建队老教练材丰玉赞叹道："陈福寿带出来的队员没有废品，我脱帽鞠躬了。"

在这么多的赞扬声中，陈福寿仍旧保持着谦虚谨慎的作风。当他的球队从国外凯旋归来，中央领导亲自接见时，他还是坐到那不被人注意的地方。他无所求，只求能为国家多培养几个世界冠军。自己的队员们做出了成绩，他却常常把功劳记在地方队上。他说："没有地方队辛勤劳动，把好苗子送到国家队来，我培养不出世界冠军来。"

近年来，陈福寿在印尼的亲戚多次劝他回去，老伴也有点动摇，可陈教练却一个劲地说："我们是中国人，应该为祖国效力！"

64. 牛永杰神针驱病魔

牛永杰的母亲是位著名的中医，由于受到母亲的影响，他从小就喜欢中医、中药，经常在母亲身旁观看她给病人针灸、熬药，有时还做母亲的助手，所以学到不少治病的学问和技术。一天，一位铁路工人肘关节脱臼，来找牛永杰母亲治疗。牛永杰抢上前去说："我来治！"他按母亲传授的技法，果然给病人治愈了。病人拍着他的肩膀夸奖说："小牛大夫真是神医呀！"后来，牛永杰参军入伍，当上了医生。因为他具有高尚的医德和高明的医术，为战友和群众多次治好了疑难病症，所以多次受到嘉奖，荣立过二等功，被山西省政府评为改革开放中做出优异成绩的模范。

牛永杰医疗水平已经很高，被人们称颂为"神医"，但他从不自满，反而越来越谦虚、谨慎。为了治愈偏瘫，他钻研头针医术。一天夜里，他出诊回来，打开电灯，摆好针盒，端坐在椅子上，左手摸到头顶一个穴位，右手持针猛力扎下，然后缓缓深刺，捻针，再深刺、再捻针，直到不能再探时，用手指沿头皮将针拔出，提笔记下深度与感觉……连续十多天，他把所有医治偏瘫的穴位都扎遍了，终于找到最佳穴位和最佳深度……

在成绩面前，牛永杰从不止步。一次他在外国杂志上看到一篇论述吸烟对大脑危害的文章，文中说吸烟比输液进入大脑快 *10* 倍。他立刻联想到在祖传中药抽入法基础上，同时加氧，提高大脑供氧量，并施以针灸，会增强治疗效力。于是他创造了用于医治脑血栓早期偏瘫的"药氧栓区带疗法"。临床表明，病人吸入药氧 *5* 秒钟后，四肢皮肤神经末梢出现明显变化，血流加快，再向栓塞部位取穴下针，患者第一次治疗就有显著效果。

牛永杰虚怀若谷，不断进取，不断创新，治愈许多重患。*1987*年北京军区医务系统检查评比时，牛永杰作了医治偏瘫重病患者的现场表演，荣获评比第一位；太原电视台和山西医学院联合录制了电视片《一朵神奇的医疗小花》，对牛永杰医治偏瘫和高位截瘫的事迹作了专题报道；杨成武同志为他题写了条幅："学无止境"；薄一波同志为他题写了条幅："精益求精"。

如今，牛永杰仍在祖国医学的崇山峻岭中开拓、攀登……

65. 张雁荣获金鸡奖之后

著名电影演员张雁，在 *50* 多年的艺术生涯中，扮演过无数个"小人物"，没想到花甲之年竟荣获中国电影界的最高奖——"金鸡奖"最佳男演员称号。他是中国影坛设金鸡奖以来，第一个男主角获得者。

1980年张雁应邀在电影《月亮湾的笑声》中饰演剧中主角江冒富。由于他真实、细腻、自然、准确的表演，使影片获得成功，他也因此而一举成名。

张雁成了名人。汽车上，菜市场、饭馆里、服装店，无论他走到哪儿，大人孩子，男的女的，一眼就认出他，高喊："冒富大叔!"张雁并没有为此而陶醉，他推心置腹地对同行们说："艺术上我是幸运的。我自知并不是因为我得了奖，就比别人强多少。我的老朋友中有很多功力非常深的，他们没有像我这样，只是缺少机会，只是因为没有碰到一个合适的角色而已。"他常对青年演员说："演员是观众的偶像。你演坏人，别人也不认为你是坏人，你是给人一种艺术享受。你演好人，别人更高看你。演员如此，名演员更是如此，一个演员任何时候都要严格要求自己，一点坏事也不能干。"他幽默地说："有时候我出门就笑，见人就笑，笑得嘴角上去都下不来了。怎么办，人家不是喜欢我，而是喜欢剧中角色。有些人演了个英雄，就认为自己是英雄了，把观众对人物的热爱当作是对自己的热爱，那是十分可悲、可怜的。"

1982年，在北京新桥饭店一次中国电影家协会会议上，影协主席夏衍说："《大众电影》期期都是女人头，美女像能不能换换?"《大众电影》负责人说："夏老的意见提得好，我们下一期杂志就发张雁的大头像!"当时在场的张雁幽默地说："咱们可有话在先，你如果发我的照片，下期《大众电影》卖不出去，我可不赔钱呀!"

果然，这期刊物少发行60万册。

事后，张雁说："演员的职业是一个十分危险的职业。之所以危险，就是因为如果不能正确地认识自己，把握自己，最终，将会葬送自己。过去，还是看得淡一点好。人生的真正意义不在于你得到了什么，而是你努力了没有，你奋斗得怎么样!"

66. 袁隆平——杂交水稻之父

袁隆平是我国著名的农业专家，全国劳模，被外国学者誉为"杂交水稻之父"。1987 年 11 月 3 日，他在巴黎联合国教科文组织总部捧回了教科文科学奖。这是一种世界性科学大奖，两年颁发一次，一次一人。中国科学家是首次获此殊荣。国际水稻研究所所长斯瓦米纳森博士赞扬说："他的成就给人类带来了福音。"

袁隆平培育的杂交水稻，自 1976 年以来，北起辽宁，南到海南，东自上海，西至云南，到处开始试种，交杂品类由一季发展到三季，品种由几个发展到几十个。亩产由 400 多公斤增到 500 公斤以上，全国累计增产粮食 1000 亿公斤！它作为我国第一项出口技术转让给美国，比当地良种增产 37%；日本、阿根廷、巴西、印度等相继引进试种，增产值都在 20% 以上……

袁隆平的科研成果受到党和国家的高度重视，也受到世界人民的赞扬。他先后获得国家科委和农委授予的特等发明奖、联合国知识产权组织授予的金质奖章和"杰出发明家"称号，英国让克基金会颁布的"让克奖"。他成了举世闻名的人类绿色革命的使者。

人们说，袁隆平艰苦奋斗了十多年，现在成功了，应该笑了，应该高兴了。然而袁隆平却异常谦虚，他没有笑，他仍在沉思："我国每年有 2200 万婴儿出生，中国人口占世界的 1/5，而耕地只占世界的 1/14。况且中国土地每年减少 3800 多万亩……如此下去，越来越多的人口吃什么?!"他经常对他的同事们说："国家提出 2000 年达到小康水平，粮食方面要达到这个目标，困难不少呀！全国年总产粮食 4000 亿公斤，人均约 360 公斤才是个温饱水平。到了 2000 年，计划产粮 5000 亿公斤，而人口会增到 13 亿，还是个温饱呀，农业大国解决不了人民吃饭问题，叫我们农业科学工作者怎能吃得香、睡得安？"

袁隆平在成功的路上毫不停顿，继续进行杂交水稻高产优质多抗新组合试验，为国家做出更大贡献。

67. 李文华甘当配角

李文华是深受观众爱戴的著名相声演员、劳动模范，1985 年被评选为"十大笑星"之一。

李文华生在北京，自幼就喜欢听莲花落、快板、太平歌词和相声。1949 年北京解放，他参加了工厂文工队，很快就以"快板大王"闻名全厂。不过使他最上心的还是学说相声。他表演的相声常常使整个工厂俱乐部万众沸腾，观众一个个笑得前仰后合。他演出的相声《请医生》，被评为全国职工第一次曲艺汇演优秀节目；他主持编写的话剧《挑战》被中国青年艺术剧院搬上了首都舞台，使李文华名声大振。1962 年，他调入中央广播艺术团说唱团，当上了专业相声演员。

相声表演有捧有逗，"逗哏"为主，"捧哏"为辅。这种分工是由对口相声的形式决定的。"逗哏"者主动，"捧哏"者被动，"逗"有来言，"捧"有去语，配合默契，才能珠联璧合。李文华进说唱团以来，一直是"逗哏"的。这是对口相声的主角，表演中既主动又露脸。但是说唱团当时缺的是配角——"捧哏"。李文华毫不犹像地表示甘当配角。从此，他几乎"捧"遍了团里所有的"逗哏"演员：侯宝林、郭全宝、刘宝瑞、马季、于世猷、郝爱民、赵炎、姜昆。

为了当好配角，李文华虚心请教老演员，别人在台上演，他站在台边认真观摩，细心琢磨每位"逗哏"演员的特点。一次，他给侯宝林"捧哏"，说完预先排练的段子，观众掌声如雷，要求返场。侯宝林来了一段"全家福"，这段子李文华没有练过，但他捧得既稳又严，恰到好处。下场以后，侯宝林连声称赞说："文华，这个段子咱俩没练过，你怎么演得这么地道？"李文华嘿嘿一笑："您跟郭先生'放活儿'的时候，我早在台边儿上瞄着呢！"

有一段时间团里安排李文华给马季"捧哏"，他俩配合巧妙，相得益彰，极受观众欢迎。不久，领导决定换于世猷与马季搭档。这样的调动对李文华当然有影响，但他愉快地服从了，并且毫无怨言。

1978 年夏天，年轻的相声演员姜昆来找李文华："李老师，我跟您排一段，行吗？""那怎么不行！"李文华爽快地答应了。他喜欢姜昆聪明、热情、有钻劲，心甘情愿地作姜昆的"绿叶"。他们亲密合作，演出获得极大成功，还创作出版了两本相声段子。姜昆满怀深情地对李文华说："李老师，您以前一直是领导叫干啥就干啥，这回领导要是再调您，您可别服从分配啦！您就说，姜昆离不开您，您也离不开姜昆好啦……"

68. 小发明家李珍不自满

李珍是山西省降县晋南机械厂子弟小学的学生，年仅 8 岁，她的发明就获得 3 项国家专利。1989 年底，她发明的"全保护荷花餐巾台布"，飞入亚运村，引起了泰国、加拿大等国酒店、宾馆的兴趣；1990 年 4 月，他和姐姐李琳发明的带有隐形可调开关的新型工艺台灯，以变光、变色、节电、安全、艺术等多项功能而被誉为"七色宝石灯"，获得国家专利；她和姐姐的另一项发明——带有小型算盘和支书架的新型文具盒又获专利，并被指定为第 5 届全国青少年科技小发明竞赛的奖品。她以年龄最小的专利获得者跻身于《中华女界之最》一书，被吸收为"中国发明创造者人才之家"成员，她的成果收进了《中国实用专利集锦》。

李珍从小就爱动脑子，4岁时妈妈让她关窗子，她身矮够不到，灵机一动取来雨伞，用伞把将窗户钩了回来。她会编故事，津津有味地讲给小朋友听。上小学后，一天在电视上她看到外国人吃饭都戴着餐巾，便想起幼儿园小朋友吃饭时常洒饭、洒菜，如果有一块布保护衣服多好啊！从此放学之后，李珍就专心致志地构思，设计，利用妈妈的废布料缝来拆去。经过370天的琢磨、试做，改进，终于做出一种新型"荷花台布"。中间的圆形"花芯"为台布面，周围三角形"花瓣"为帷布，帷布的尖端各有一个扣眼，吃饭时只要将面前的帷布扣在胸前，就可以对衣服和地面起到保护作用……

李珍的几项发明问世之后，许多工厂派人来与她洽谈发明权转让问题，答应给她一笔可观的酬金。然后心灵纯洁的李珍十分谦虚，从来不提钱的事儿，厂家过意不过，执意替她支付了专利申报费。李珍在研究解决气压暖水瓶不保温问题时，在出水管上部套接一个"U"形管，再设置一个重球式常闭阀门，就可以解除气压暖水瓶不保温的烦恼了。有人提醒她说："应该保密呀，这是一项了不起的突破呀！"李珍却谦逊地说："只要能给大家生活带来方便，有没有专利证都行，尽管早些宣传吧！"

李珍的名字飞向全国，几乎每天都有各地的来信，有羡慕称赞的，也有鼓励鞭策的。一位大学教授勉励她说："迄今诺贝尔奖还没有一个中国大陆人获得过，难道我们真的不如外国人吗？读了你的事迹，我看到了咱们中国的希望，诺贝尔奖的摘取，非你们后一代莫属。"

这些热情洋溢的来信，给了李珍不断进取的力量，她更加虚心学习，一面研究功课，一面阅读《少年科学画报》、《智力故事》等课外读物。在她的书柜里有 500 多本书，尽管已翻得少皮缺角，她还舍不得丢弃，因为她需要吸吮知识的营养，向更广阔的领域飞翔……

69. 张秉贵的一团火精神

在北京王府井百货大楼前，有一尊铜像，在铜像黑色花岗岩底座上，镌刻着陈云同志题写的几个大字："一团火精神光耀神州"。他就是全国著名劳动模范、优秀共产党员、原百货大楼售货员张秉贵同志。

张秉贵常说："售货员要用一团火来温暖顾客，使他们不仅在商店里感到热乎乎的，回家后热乎乎的，走上工作岗位还要热乎乎的，这才算我们对革命事业的一点贡献。"为了顾客，他不知花费了多少心血。公休日，他到糖果厂去参观访问，了解糖果的制作过程；下班后，他到医院向医生学习各种糖果的营养知识；卖糖果时，他虚心向爱吃糖的顾客了解各种人吃糖的习惯和各种糖果的味道。经过刻苦钻研，张秉贵的商品知识十分丰富，为顾客服务也有更多的主动权了。遇到患肝炎病的顾客，张秉贵就介绍糖分多，对肝病有好处的水果糖；遇到患气管炎的顾客，他就介绍冰糖；对消化不良的顾客，他又请顾客买柠檬糖和桔子糖。售货中，他严格做到顾客买与不买一个样；买多买少一个样；生人熟人一个样；大人小孩一个样。人们用"主动、热情、耐心、周到"这些字来赞扬张秉贵的服务态度。

张秉贵一生站了 50 年柜台，每分钟都是全力以赴。他在柜台里，眼、耳、口、手、脑这五部"机器"同时开动，及时发现需要照顾的老弱病残顾客；随时倾听顾客的要求和建议；不断解答顾客的询问；还要不停地拿糖、过磅、包包儿，打捆儿；同时用心算代替珠算。在柜台里，他三步并作两步走不知累，可下班后上楼还要扶着墙。每天晚上他都要像"过电影"那样把自己比作顾客，回想一天的工作，哪些做得好，哪些做得不够，怎样去改进。

张秉贵向顾客献上的是火一般的热情，顾客对他也热情如火。张秉贵台前的顾客，几乎都是他的朋友，每天都有人来看望他。当他卖货累得满头大汗时，会有顾客按住秤盘让他歇一会儿。一次张秉贵应邀去重庆作报告，介绍自己站柜台的经验。会后大家一致要求张秉贵作一次卖糖"一抓准"的示范表演。当时他已65岁高龄，而且已经不常站柜台了，又是在这陌生的环境和场地，抓的还是与北京不同规格的糖块和种类。能不能"一抓准"表演成功？大家都为他捏把汗。张秉贵明知有困难，但为了推动青年售货员练基本功，还是愉快地答应了。售货技术表演在礼堂举行。会场挤得满满的，气氛紧张而且热烈。张师傅动手抓糖，重庆方面派人协助看秤。5两、4两、3两、2两，每次都是一抓正准，助手高声报道："正好！"会场响起了阵阵掌声。

最后一次是抓1两，助手没有立即报结果。原来这次不太准，助手怕丢了老模范的"面子"，想悄悄移动一下秤，张秉贵赶忙制止了他，并沉着地说："请拿下一块糖。"助手照办了，一看秤，用激动的声音报道："现在正好！"台下响起一阵热烈的掌声。张秉贵等掌声平静下来才说："准，不是绝对的，如果绝对准，就不用秤了。"张师傅谦虚而诚恳地说："我来表演也不是为了炫耀技巧，只是想说明熟能生巧，希望同志们苦练技术。不瞒大家说，我昨晚在宾馆练了不少遍呢！"老模范的这段话赢得了比技术表演更加热烈的掌声。

165

70. 王桂荣礼貌待乘客

　　王桂荣是北京 103 路无轨电车的售票员，凡坐过她那辆车的乘客，都被她真挚热情的文明服务精神所感动。

　　北京 103 路车往返于北京站与动物园之间。中间要经过繁华的市区，因此乘客中外地人很多。一次王桂荣的车门刚关上，远处跑来一位妇女，一手抱个小孩，一手提个大包。王桂荣马上打开车门，迎上前去，帮大嫂上了车，并亲切地说："大嫂，别着急，别着急。"接着又动员一位年轻人让了个座。那妇女感动极了，用浓重的乡音说："姑娘，您的心眼真好！北京人真好！"

　　对老人和孩子，她更是服务周到。一次，一位老人带孩子上了车。小孩哭着要水喝。王桂荣立即把自己的那杯水递过去，宁愿自己口干舌燥，哑着嗓子报站名。一个小学生跑着赶车，她招呼道："别跑，慢点，阿姨等着你。""来，把书包从窗口递给阿姨。""来，站在阿姨的椅子后面，别挤着。"在这段路上上学的小朋友都愿意乘坐王姨的 2026 号车。

　　一次，一个架双拐的外地人，艰难地向王桂荣的车走来。他的衣服又脏又破，随风飘过一股难闻的气味。王桂荣没有嫌弃，立刻下车搀扶他，使出全身力气扶他上了车。下车时，车上几个受感动的年轻人抢上前，搀扶残废人下了车。

　　投之以李，报之以桃。王桂荣的文明服务受到了千万乘客的赞誉和爱戴。

　　一位乘客把一瓶桔汁硬塞在她手中。一位老人对她说："姑娘，我每天坐这辆车，都看到你热情服务，小心别把嗓子累坏了。"一位中年人送她一盒新出的喉片："试试看，也许能治好你的嗓子。"两个小朋友，每人手里拿一个大红苹果，挤到她面前，踮着脚尖说："阿姨，这是我们幼儿园发的苹果，你嗓子疼，吃吧！吃了就好啦！"

王桂荣就是这样在极平凡的岗位上，用她满腔的爱心浇灌了文明礼貌之花。

71. 林巧稚一生谦虚好学

林巧稚是中国著名的妇产科专家。经她的手，不知有多少婴儿顺利地降临人间。不论是早产、难产还是各种复杂的妇科疾病，她都能做到诊断准确，妙手回春。早在新中国诞生之前，她就已经造诣极高，誉满中华了。

她学的是西医。

有一次，一位妇女前来看病。这位病人已被别的医院确诊为癌症，家属怀着最后一线希望请林巧稚复查，看看是否还有什么办法。

医生是不能讲假话的。林巧稚经过各种化验检查，凭着自己多年的经验进行判断，最后不得不摇头叹息，告诉病人的家属："确实是癌病，而且到了晚期，无法手术切除，只能服药拖延了。"

"您看还能活多长时间？"家属问。

林巧稚想了一会儿，说："要不了两年。"

家属感谢医生交了底，扶着病人回去了。

林巧稚的病人很多，她不可能时刻记挂每一位患者。

过了四年，她忽然想起了这件事，便去信向家属了解情况。不料，回信到了，信上说，那位癌症病人仍然活着！

这简直是一个奇迹！为了弄明白其中的原因，林巧稚亲自跑到患者的家里去了。

大夫登门拜访，患者非常高兴，她告诉林医生："这四年来，她一直看中医，吃草药。"

"感觉怎么样?"林医生急问。

"还好，不光走路没问题，我还能做饭、洗衣服、看小孩……"患者回答说。

林巧稚用拳头捶着自己的头，大声地自责："哎呀，我是多么蠢啊!"

从此，她一面同患者保持联系，一面开始思索:看来，光当一个好西医还远远不够，中医中药不可忽视。中医和西医，好比鸟儿的双翅，自己只有一个翅膀怎么成呢?

她开始利用一切业余时间攻读中医书籍。

过了不久，北京协和医院妇产科来了一位著名的老中医，名叫王志敏，林巧稚就拜他为师，从头学起。王志敏看病时，林巧稚坐在旁边，仔细地观察，认真地记录，体会中医的诊断奥秘。尽管王老先生的检查手段极为简单，但诊断结果却与西医往往相同，这更使林巧稚感到自己的不足，坚定了学习的决心。

学无止境，探索不息。在谦虚好学的林巧稚看来，知识的海洋永远是宽广无垠的。

中国科学院成立时，林巧稚是学部委员中第一个女同志。按照人们通常的认识，她的地位已经很高了，她的学识水平早为海内外所公认了，然而她仍然把自己当成一名小学生。

有一年，协和医院举办了一期中医学讲座，每周占用两个晚上的时间授课。对于紧张工作了一天的医生来说，要坚持听课，困难是很多的。可是，人们发现，每次讲座开始之前，总有一位头发花白的女医生赶到礼堂，习惯地在前排找一个位置坐下。开始讲课了，她取出笔记本、戴上老花镜，记得十分用心。

课讲完了，授课人特意走到她身边，笑着说:"林医生，您是专

168

家，如果发现我有讲得不妥的地方，可得及时指正呀！"

林巧稚慌忙起立，说："可不要这样，我今天就是你的学生，一名普通的学生。你要是太客气，反而叫我难为情。说到专家，也是相对的，你专在这一点，我专在另一点，我们都不可能是全才。如果检查我的全部医疗记录，也有不少误诊的例子哩！"

接着，她讲出了曾给一位癌症患者宣判"死刑"而未死的病例……

林巧稚谦虚好学一生，她终生未嫁，直到逝世前，还在不停地学习、工作。

72. 梅兰芳屈尊求教

梅兰芳是我国著名的京剧表演大师。他从 6 岁起就开始学戏。起初，老师说他眼皮下垂，眼珠也不灵活，没有培养前途。梅兰芳决心锻炼目力。他养了一群鸽子，每天仰头看鸽子在天空飞翔，眼珠儿跟着鸽子转动。他还养了一缸金鱼，经常观看。

几年以后，梅兰芳登台演出时，那位老师也去看戏，奇怪地问："他的眼神怎么变得如此光彩照人？"人们讲了兰芳练眼的故事，老师忙向兰芳道歉。梅兰芳说："不，如果没有您的批评，我也不会这样努力呀！"

一天，梅兰芳在一家大剧院演出京剧《希惜》，剧场内喝彩声此起彼伏。

"不好！"突然从剧场的观众席上传来一声倒好。梅兰芳一边唱下去，一边用眼角溜了几下，他发现那是一位老者，并不是歹人起哄，便在心中记下了。

戏一下场，他还来不及更衣，就用专车把那位老先生接到家中，待如上宾。

用茶之后，老者不解地问："您是出了名的京剧大师，今日请我作甚？"

梅兰芳说："说我孬者是我师。先生言我不好，必有高见，恳请指点，也好亡羊补牢。"

老者笑一笑，说："惜姣上楼和下楼之台步，按梨园的规定，应是上七下八。大师今日演出为何八上八下呢？"

梅兰芳一听，深感惭愧，说："老先生看得真细，我却疏忽了。"说完纳头便拜，称谢不止。

梅兰芳不仅在京剧艺术上有很深的造诣，还对琴棋书画有着浓厚的兴趣，而且水平不低。为了取长补短，他特地拜齐白石为师，虚心探讨水墨丹青之功法。

按当时的社会名气看，梅兰芳比齐白石的知名度要高得多。有一次，齐白石到一位朋友家作客。正巧这天宾朋云集，来者多是上流人物，个个长袍马褂，西装革履。比较之下，齐白石一向穿着随便，坐在一角，颇不引人注目。

这时，梅兰芳到了。主人一见，招呼一声，立刻趋前迎接。客厅里的人蜂拥而来，包围了梅兰芳，争先恐后地同他握手。

梅兰芳眼角一瞥，发现齐白石正在远处坐着翻看相册，他急忙缩手，直奔齐白石，向孤零零的画家高声叫道："老师，您早来啦！"

在场的人露出了惊讶的神色，梅兰芳就向客人们说："这是我的美术启蒙老师，我跟齐老师学画，已有不少进步啦！"

他还让齐白石坐上席，问寒问暖不止。

齐白石深受感动，事后特意赠"雪中送炭图"给梅兰芳，并题诗一首。

73. 徐海东两次要求降职

徐海东是中国著名的将军。他 1925 年加入中国共产党，曾历任红军的团长、师长、军长、军团长等职，参加过著名的平型关战役。

1930 年 3 月，徐海东被调到红军某部的三十八团当团长。在一次战斗中，他负了伤，被送进红军医院动手术。

他在医院里躺了一个月，后来怎么也住不下去了，便对医护人员说："不成，我受不了这份清闲，得到前线打仗去。"

医生劝阻说："再安心地养养吧，哪有这么快就出院的？"

"可是，我的三十八团天天在打仗！我不能丢下他们不管……"

"想出院也没人送你，你自己的腿有毛病，走不了。"

"给我借条毛驴好不好？"

"我们问过了，借不到。"

"好哇，看我能不能走路！"徐海东找了一根树枝作手杖，一拐一拐地寻找部队去了。

他到了师指挥部，师政委对他非常热情，但是不许他去团里，让他在师里休息。

他对师政委说："我早就休息好啦！"

"休息好了也不能去，可以帮助师部干些事情。"

师政委到底是什么意思？徐海东一时摸不着头脑。过了几天，有一位干事悄悄地告诉他："自你走后，又给三十八团派去了新团长，人家指挥得也不错……你明白了吧？"

"我还是不明白。"

"你怎么连这点道理也不懂，一个团怎么可以有两位正团长呢？"

"那我可以当副团长，协助正团长呀！"

"这个……"那位干事吞吞吐吐地说下去："你是受伤离队的，又没有犯错误，组织上不能把你降职使用。我看，还是乖乖地等着吧。"

"要等到什么时候？"

"等到某团的团长牺牲了，再派你去呗！"

徐海东再也听不下去了，马上找到师政委，说："战士们天天在流血，我们还讲什么正呀副呀，在这里绕口令。我坚决要求回三十八团，当副团长。如果不成，下去当营长……"

师政委见他这样坦白赤诚，不计升降，便接受了他的请求，派他当副团长去了。

他与团长合作得很好。每当忆起逗留在师指挥部的日子，他就感到好笑。一位能征善战的指挥员，非得留在师里"待分配"，这不是硬叫钢刀闲着生锈吗？

徐海东主动请求降职不止一次。*1934 年 11 月*，他正在担任红二十五军的军长。有一天，党中央派程子华同志来到军里，协助徐海东工作。徐海东发现程子华不仅有丰富的作战经验，而且对党中央的方针路线理解得深，看问题出点子处处比自己略胜一筹。他就想，这样子不行，我得听程子华的！

有一天，他突然对程子华说："喂，咱俩调一个过好不好？"

"怎么个调法？"程没听懂。

"你来当军长，我当副军长。"

"这可不成，我们得服从中央的安排。"

"这个你不用管，由我来办嘛！"

随后，徐海东给党中央写了一份报告，详细地陈述了自己的意见，并说这样做好处很多，在大敌当前的时刻，一切应从实际出发，什么资历、名分都是一些没用的东西，根本无需考虑。

172

党中央批准了这个建议。

徐海东参加革命不图当官，坦荡无私，虚怀若谷，视名利如鸿毛的美德，给红军战士们留下了深刻的印象。

74. 爱让世界更美好

开班会了，班主任王老师给大家讲了一个真实的故事：一个男孩得了白血病。每天，他只能躺在病床上，看着天空中自由飞翔的小鸟，听着窗外边同龄孩子好笑的声音。他的父母为了给他治病卖了房子，已经花费了26万多。现在，家里已经无法承担巨额的医药费用，男孩只能在家等待着生命慢慢地消逝。

含着眼泪听完这个故事，教室里寂静无声，没有人说话。

忽然，王静打破了沉默说："王老师，我把我的压岁钱捐给他。""我也捐。"教室里顿时沸腾起来。

"五一"长假结束了，刘朋递给老师100元钱说："王老师，这是我的捐款。"老师和同学都愣住了，在大家眼中他是个非常节约的孩子。"王老师，我捐50。"这时候，嘉文走过来。"王老师，我忘记带了，只有1元钱的车费，先捐了。"同学们争先恐后地捐出了自己口袋里的钱。

王老师激动地说："孩子们，我很高兴你们都有一颗真挚的爱心。钱的数量并不重要，重要的是你们有了这种意识，我感到欣慰。因为有了爱，我们这个世界才如此美好。"

教室里响起一片掌声。

75. 享受生命的春光

四川省巴东县女护士王飞越身患绝症，生命即将走到尽头，她

173

很想留一点什么给这个曾经让她温暖、让她懂得爱的世界。

可是她的全身已开始溃烂，捐赠遗体用于医学解剖和实验显然已经不太可能。一日，来探病的弟弟说，姐姐，你的眼睛好明亮哟！这句话提醒了王飞越女士，病床上的她顿时兴奋起来：我要捐献眼角膜。

她的遗愿，立刻遭到丈夫和女儿以及亲友们的反对，沉浸在即将丧失亲人的巨大悲痛中的他们，无法理解王飞越的做法。他们在病床前，苦苦哀劝。面对劝说，病床上的王飞越也含泪诉说：这样做，可以让两个人重见光明，难道你们不能满足我这个小小的要求吗？她支撑着写了申请书，求丈夫为她签字。

终于签字了，王飞越松了一口气。可癌细胞已经开始肆虐扩散，加之用药，造成全身水肿。如果水肿也造成眼角膜损伤，就会影响角膜移植手术的质量。她忍着痛，向医生提出，保护好我的眼睛，请不要用止痛药。

伤痛折磨着她，然而她更担心的是，一旦角膜受到损伤，她的捐献计划将成泡影。她提出请求：在她停止呼吸之前，也就是现在就摘掉眼球。丈夫和女儿，还有医生护士们流泪了。守护在一边的眼科专家们也制止了她。

疼痛不断加剧，死神临近，王飞越的一只眼睛甚至已不能闭合。她知道，生命已无法挽留。她最担心的是眼球的完好无损，为此不断地发出新的请求，而且态度十分坚决：拔掉氧气管，拔掉氧气管！

拔掉氧气管，意味着放弃呼吸，放弃生命，放弃这个美好的世界。丈夫和女儿泣不成声。这样的请求没有被采纳，她就以拒绝治疗来抵制。她如愿了，氧气管终于被拔掉。但接着，她又提出新的请求，拔掉输液管。这一次，周围的人沉默了，彻底尊重了她的意愿。

生命之花终于凋零，只有她的眼角膜被保留了下来。而且其中的一只眼角膜，竟让 3 位病人重见光明。共有 4 位患者，包括年轻人和老人，分别承接了她的光明。这位从未走出过县城的女士，将光明播撒到南疆北土，播撒到遥远的地方……

她有一段临终录音，那是对承接她光明的人说的："你好，我不知道你姓什么叫什么，我祝福你，希望你重见光明，尽情享受春光。"

76. 真诚的爱心

哈杰·厄斯金是一个出生在贫穷人家的孩子。一天，一个可怜的老妇人上门乞讨，小哈杰的母亲竟毫不犹豫地将准备晚餐的几个便士，全部赠给了这个可怜的老人。当时，哈杰极其不理解，站在门旁用惊讶的眼神看着母亲，喃喃地说："我们今晚吃什么啊？"

母亲抚摸着小哈杰的头说："孩子，我们一天不吃晚饭没有关系，可是这个可怜的女人，如果再拿不到一个便士，就有可能在这个饥寒交迫的夜里死掉的。好孩子，你一定要记住，人要用一颗博大而真诚的爱心去帮助别人，那他会得到快乐和心中的安宁。"在母亲的这种一心向善的思想熏陶下，哈杰也在成长的过程中渐渐理解了母亲所说的"博大而真诚的爱心"是什么。

十几年后，哈杰·厄斯金也长成了一个心怀善念的小伙子。

一次，在朋友的化装舞会上，他遇见了一位退役陆军上校的女儿劳拉·默顿。美丽的姑娘很快就被哈杰的英俊与善良所征服，两个年轻人坠入了爱河。但上校却因为哈杰的贫穷而不允许他们结婚。上校告诉哈杰："孩子，当你拥有 1 万英镑的时候再来找我吧，那时我们再谈你们结婚的事情。"

1万英镑！这对哈杰来说，简直是个天文数字。当时，哈杰的无奈与伤感，让他的朋友们很为他担心。

一次，哈杰到一个画家朋友家去散心，朋友正在画一张乞丐画像。给他做模特的是一个老乞丐，弓腰驼背，满脸皱纹，身上穿的衣服破旧不堪，一手柱着粗糙的木棍，一手伸出帽子做讨钱状。哈杰不禁动了恻隐之心，特别是当他听说朋友一小时只付给老乞丐10便士的报酬时，更是有些不平。他一刻也不想在这样吝啬的朋友面前待下去了，于是，从口袋里摸出自己仅有的1英镑金币，塞到老乞丐的手中，只说声"再见"转身就离开了……

第二天早晨，哈杰正在吃早饭，一个人来见哈杰，他说自己是大富豪古斯塔弗·纳尔丁先生的信使，他把手里的一封信交给哈杰后就告辞了。哈杰满腹狐疑地打开信一看，只见上面写道："给哈杰·厄斯金先生和劳拉·默顿小姐的结婚礼物。一名老乞丐敬上。"信封里还有一张1万英镑的支票……

看着这仿佛从天而降的支票，哈杰立即想到了昨天在朋友家见到的那个老乞丐，难道他就是纳尔丁先生？他立即来到朋友家想问个究竟。朋友告诉哈杰说："你走后，我就把你的不顺利的爱情告诉了那个'老乞丐'，他就是纳尔丁先生。其实，他来做模特，并不是想来挣钱，只是突发奇想，想看看自己如果是个乞丐会是什么样子。特别是当纳尔丁先生知道你正为1万英镑发愁，却又毫不吝啬地把自己仅有的一个英镑施舍给他这个'穷人'时，老人感动了，他说：'这样善良的年轻人，完全应该得到他想得到的幸福！'"

77. 带着温馨的20元钱

少年哈桑一直期望着能看一场马戏，一天父亲终于答应了，带着他去排队买票。售票处的队排得很长，排了老半天，终于在他们和票口之间只隔着一个家庭了。

这个家庭给人的印象很深刻，有 8 个 12 岁以下的小孩，他们穿着廉价的衣服，但全身都干干净净的。排队时，他们两个两个成一排，手牵手跟在父母的身后，叽叽喳喳地谈论着小丑、大象，想必今晚是他们生活中最快乐的时刻了。

轮到他们了，卖票女郎问这个父亲："你要多少张票？"他神气地回答："请给我 8 张小孩、2 张大人的票，我带全家看马戏。"

售票员报出了价格。这个父亲的嘴唇颤抖了，他倾身向前问道："你刚刚说是多少钱？"售票员又报了一次价格。这人的钱显然不够，但他怎能转身告诉那 8 个兴致勃勃的小孩，他没有足够的钱带他们看马戏？

哈桑的父亲目睹了这一切。他悄悄地把手伸进口袋，把一张 20 元的钞票拉出来，让它掉在地上。然后，他又蹲下捡起钞票，拍拍那人的肩膀说："先生，这是你口袋里掉出来的！"

这人直视着哈桑父亲的眼睛，用双手握住哈桑父亲的手，嘴唇颤抖着，泪水滑落脸颊，说道："谢谢，谢谢您，先生，这对我和我的家庭意义重大！"

那晚，哈桑没有去看马戏，而是随父亲回了家。他们此行也不是徒劳的，相反却收获了一份善心回报的快乐。

78. 怎样开启易拉罐

许多年前的一个夏天，在一列南下的火车上，一位满脸稚气的男青年倚窗而坐。他是个农村娃，一件崭新的白色半袖衫掩盖不住黝黑的皮肤。在此之前，他连火车都没坐过，他要到南方去上梦寐以求的大学。男青年对面的座位上，坐着一对母子。

车厢内闷热异常，男青年感到口渴难耐。

"方便面、健力宝、矿泉水！"乘务员大声叫卖。

健力宝？男青年知道，这是一种极奢侈的饮料。读高中时，班里有钱的同学才喝得起。爸妈从来没给自己买过。如今，他要到外地上学了，衣兜里有了些许可以支配的零花钱。犹豫再三，他终于从衣兜里摸出一张皱巴巴的5元钱，递给乘务员。

男青年不知如何开启这桶饮料。他把健力宝拿在手里，颠来倒去看了看。最后，他把目光定在了拉环的位置。迟疑了一会儿，他从腰间摸出了一把水果刀，企图在拉环的位置把健力宝撬开。撬了两下，发觉易拉罐的壳很坚硬，便停下了手中的水果刀，又把目光盯在了拉环处。这时，却听见对面的妇女对她儿子说："童童，快把健力宝给妈妈拿过来。"小男孩说："妈妈，你刚喝过水，怎么又渴了？""快！听话！"小男孩便站在车座上，把手伸进了车窗旁边挂着的塑料袋。

妇女把健力宝拿在手里，眼睛盯在拉环上，余光注视着男青年，只听"嘭"的一声，健力宝打开了。随之，车厢里又传出"嘭"的一声响，男青年的易拉罐也打开了。妇女微微地笑了一下，喝了一口就把自己的健力宝放在了茶几上。显然，她并不渴。

许多年后，男青年参加了工作，却仍对这件事记忆犹新。他感激那位善良的中年妇女。她为了不使他难堪，没有直接教他易拉罐的开启方法，而是间接地完成了这一过程。妇女的举动是一种小小的善举。

男青年把这种感激化做了更多"小小的"善举，带到了社会的每个角落。

那位男青年就是我，那年我*18*岁。

79. 爱心为首

有个年轻人去参加一家公司的招聘面试。

面试地点在该公司大楼的一楼。很快地，这年轻人便回答完了主试者提出的所有问题。最后，主试者让他去 10 楼的老总办公室进行最后的面试，还关照地说："很抱歉，我们这幢楼的电梯今天坏了，所以只好辛苦你从楼梯上去了。"

年轻人走到 7 楼。在楼梯的转角处，他看见一个头发花白、一身勤杂工穿着的老人，正手提水桶吃力地也在上楼……他就上去接过了老人手中的水桶，说："来，大爷，我来替您拎吧。""可是，我这一直要拎到 15 楼，不影响你办事吗？"老人说。"没事，"年轻人毫不犹豫地回答，"我可以给您拎到那儿后再办自己的事。"

就这样，年轻人拎着水桶，与那老人一前一后地上楼，到了 10 楼的时候，后边的那个老人突然上来拍了拍年轻人的肩膀，说："小伙子，祝贺你，你已经被本公司正式录用了，我就是公司老总。"老人继续说，"别的人都对我视而不见，所以我实在无法理解他们的为人，而你却以你的爱心，明明白白地告诉了我你是怎样的一个人！"

爱心真的是一个人必须具备的，否则，你会失去许许多多通向成功的机会。

80. 一个人的最后温暖

她是一个孤儿，一直跟着奶奶长大。

上了高中之后，需要上晚自习，很晚才能回来，途中要走一段曲折幽深的小巷。尽管她一再表示自己什么也不怕，可奶奶还是不放心，每晚都在路口等着接她回家。就因为这个，她不想上学了。那天，奶奶为了接她滑倒在路上，如果不是抢救及时，奶奶就没命了。所以她一直有辍学的想法。

这天，她刚转过路口，就看见了奶奶。同时，她还发现一位老人在那里摆摊修车。她和奶奶走的时候，老人也收了摊，不紧不慢地跟在她们后边一起往回走。

后来，她知道老人有些跛足，就住在离她家不远的后街。老人人很好，而且一般在她放学的时候才收摊，于是奶奶把她交给了老人。每天很晚的时候，这一老一少回家的欢声笑语就回荡在这悠长的巷子里。从那以后，她再没想过辍学。

后来，她上了大学。再后来，她有了不错的工作。那年冬天，她回去看望奶奶，听说后街的那位跛足老人去世了。她前去吊唁，悲戚地对老人的女儿说："你父亲可是位好修车师傅啊！"老人的女儿并不认识她，说道："我父亲哪里会修车啊，刚退休的那一年，他在晚报上看到一则故事，就说什么也要去街口修车。"她突然想起几年前，自己曾在晚报上发表过一篇文章，提到过那条长巷给自己带来的烦恼。她问："您父亲是不是怕故事中那个女孩辍学，以修车收摊为由送女孩回家？"老人的女儿点点头。她"哇"地一声哭出来。此刻她觉得，整个世界都被老人的一颗心温暖了！

81. 爱心无价

一个风雪交加的夜晚，医生托尔的汽车不小心陷进了泥坑，怎么也出不来了。托尔环顾了一下周围，前不着村，后不着店。连个人影、灯光都看不见。他忍不住抱怨起来："这鬼天气，难道我要冻死在这儿不成吗？上帝啊！"

正在托尔为自己的处境备感焦急的时候，他突然听到了一阵马达声。紧接着，看到前方驶来了一辆满是雪花覆盖的卡车。他赶紧跳下车，用力摆着手，示意卡车司机停车。

听了托尔的处境，卡车司机二话没说，用自己的卡车将陷在泥坑中的车拉到了正路上。但很不幸的是，托尔的汽车发动不起来了。卡车司机给家里人打了个说明电话，然后，用自己的车将托尔还有他的那辆"罢工"的汽车，拖到了前面小镇上的修理厂里。

为了表达自己对卡车司机的感谢之情，托尔拿出一大笔钱送给他。可卡车司机说："嗨，朋友，谁碰到你这种情况，也会帮忙的。我不要求有什么回报，但我要你给我一个承诺。当别人有困难的时候，你也能尽力去帮助他。"

在后来的日子里，托尔记着自己的承诺，帮助了许许多多的人，并且将卡车司机对他的要求同样告诉了他所帮助的每一个人。

几年后，托尔被一次骤然发生的洪水围困在一个小岛上，一位少年帮助了他。当他表示感谢时，少年说出来的话是："我不要求回报，但我要你给我一个承诺……"

托尔知道，有一种叫爱心的东西已经深深扎根在很多人心中，并相互传递着。

82．一夜改变一生

很多年前，在一个暴风雨的傍晚，有一对老夫妇走进一家旅馆的大厅要订房。

"很抱歉！"柜台里年轻的服务生说，"我们这里已经被参加会议的团体包下了。而且据我所知，附近的旅馆都已客满了。"

看着老夫妇一脸的遗憾，服务生赶紧说："如果你们不嫌弃的话，可以在我的房间里住一晚，那里虽然不是豪华套间，却十分干净，我今晚要在这里加班工作。"

第二天一大早，一位老先生下楼来付住宿费，那位服务生依然在当班，但他拒绝接受。老先生说："你这样的员工是每一个老板梦寐以求的，也许有一天我会为你盖一座旅馆。"

又过了几年，那个柜台服务生依然在那家旅馆上班。有一天，服务生忽然接到老先生的来信，老先生邀请他到曼哈顿见面，并附上了往返机票。

几天以后，服务生来到了曼哈顿，在第五大道和 34 街之间的豪华建筑物前见到了老先生。老先生指着眼前的建筑物说："这就是我专门为你盖的饭店，我以前曾说过的，你还记得吗?"

"您在开玩笑吧?"服务生不自信地说。老先生很温和地说："我认为你是经营这家旅馆的最佳人选。"

这家饭店就是美国著名的涅道夫·爱斯特莉亚饭店的前身。这个服务生就是饭店的第一任总经理乔治·郝伯特，他做梦都没想到，自己用一夜的真诚换来的竟是一生辉煌的回报。

83. 善良的回报

100 多年前一个春光明媚的下午，在英国一个乡村的田野里，一位贫苦的乡下人正在自家的田里耕作，忽然听见河边传来救命的呼叫声。他快步奔向河边，看见一个少年正在河里挣扎，便奋不顾身地跳进河里救起那位险些儿没了命的少年。事后才知道他是贵族世家的儿子。过了几天那位贵族亲自登门向乡下人道谢："朋友，你这样好心，应该有好报。你尽管说，看可有什么用得着我帮忙的。"乡下人摇着头连声说："没有，没有。"他认为天地间哪有见死不救之理，他坚信助人图报非君子。

那位贵族除了敬佩乡下人的节操之外，还是觉得过意不去。就在这个当口，乡下人的儿子回来了。那位贵族说："哦，有了。要不然我把你的孩子，带到伦敦去接受高等教育吧?"

乡下人接受了他的建议，因为这正是他儿子求之不得的。他就让贵族把儿子送到伦敦去深造了。

后来，乡下人的儿子从伦敦圣玛丽医学院毕业了——他就是后来被英国皇家授勋封爵、荣获 1945 年诺贝尔医学奖的亚历山大·弗莱明，就是他发现了拯救了世界千百万人性命的抗菌药——青霉素。

在第二次世界大战期间，英国面临最艰苦岁月的过程中，那位曾经助弗莱明一臂之力的贵族的儿子，在伦敦患严重的肺炎，最后就是用青霉素医治好的。这个人就是英国首相丘吉尔。

乡下人救了贵族的儿子，贵族成就了乡下人儿子的学业；乡下人的儿子学成以后用他发现的药品又一次拯救了贵族儿子的生命。出于善良的回报总会收到意想不到的效果。好人终有好报!

84. 一杯水的温暖

10 年前，他还在深圳打工，整天帮人家掏下水道，走到哪儿身上都一股下水道的异味，让人侧目。

深秋的一天，下着雨。他当时已掏好一家酒楼的下水道，雨大，回不去，就倚在酒楼的檐下躲雨。他抱臂转脸，隔着酒楼玻璃的窗，望着里面蒸腾的热气和温暖，一些人悠闲地在吃饭。他想，若是有一杯热热的茶喝那该有多好啊!他在心里面笑着对自己摇头，我怎么可以那样奢望呢?

这时，酒楼的门忽然开了，从里面走出一位服务员，服务员径

183

直走到他跟前，彬彬有礼对他说："先生，您请进。"他愣住了，结巴着说："我，我，不是来吃饭的，我只是躲会儿雨。"服务员微笑着说："进来吧，外面雨大。"他拒绝不了那样的微笑，跟着进去了。

他暗地里想：是想宰我吧？我除了身上的破衣裳，什么也没有。他被引到一张椅子上坐定，另一个服务员端来一杯温开水，"先生，请喝水。"朋友不知道她们葫芦里卖的什么药，想：既来之，则安之，就毫不客气地端起茶杯，把一杯水喝得干干净净。服务员又帮他续上温开水，他则接着喝，喝得浑身暖暖的，额上渗了细密的汗，舒坦极了。

后来，雨停了，他以为那些服务员会来收钱的，但是没有。他走过去问服务员："白开水不收钱吗？"服务员微笑："先生，我们这儿的白开水是免费的。"那一杯白开水的温暖从此烙在了朋友的记忆里，每每谈及此事，朋友的眼里都会升起一片感激的泪花。

他后来从深圳回来发展，也开了一家酒楼。在酒楼里，他定下一条规定：凡是雨天在他檐前躲雨的人，都要被请到店里来坐，并且要给人家倒上一杯温开水。

世界的美好，就在一杯温开水之中。

85. 体验

学校组织了由 15 名学生组成的生存体验团，把他们送到上海锻炼半个月，发给每人 100 元的生存基金，看谁在上海赚的钱最多，看谁的生存能力最强。

15 位都是临近毕业的大学生，他们的体力、智力和社交能力都经过学校的严格挑选，学校相信他们在上海会很快找到工作。

半个月后，大部分同学陆续回来了，而且都赚到了钱，最多的一位赚了 3000 元。他们从事的工作有家教、兼职文秘、网络公司职员、业务员甚至搬运工。大家收获都不小，连两位情急之下当搬运工的也赚了 600 元。

但有一位同学却没有在约定的时间回来，而是和学校通了电话。他说自己一分钱也没有赚到，现在在上海火车站，没有钱买车票，希望得到帮助。

学校马上派人到上海帮助他。那位同学已经在上海火车站待了两天，饿得面黄肌瘦，这个结局令人瞠目结舌。那位同学身体强壮，社交能力更不弱，为什么在半个月的时间内赚不到一分钱呢？他的遭遇让全体师生哗然。

事隔一个月后，一个上海人给学校寄来了一封信。信里请求学校帮他找一位在上海收留他智障父亲半个月、并历尽千辛万苦帮他父亲找到家的好心同学。学校马上开始寻找。没想到，这位助人为乐的同学竟然是打电话需要学校帮助的那位同学，全校师生又是一阵哗然。

原来，这位同学在到达上海的第二天，就遇到了一位老人，老人好像迷路了，又说不出家到底在哪里。于是他一直帮着老人寻找家人，给老人买水、买食物。整整半个月他都和老人在一起。白天，他在一家商店当派送员，用挣来的钱维持老人和自己的生活。晚上就帮老人寻找家人，工夫不负有心人，他终于帮老人找到了家人。

这个结果让大家感动不已，这个没有赚到一分钱最终需要帮助的同学，被学校评为最后的赢家。

86. 叶儿，叶儿，快快落

秋天，风呼呼地刮。金色的叶儿像小船，荡呀荡呀，最后落到地上。院里的王大爷每天早上都在院内扫落叶。"唉……"王大爷捶着发酸的腰。"王大爷，我来帮您。"楠楠从家里拿出一把大笤帚。"哟，小祖宗，只要你别在院里乱跑，就是帮了我的大忙。""不，我偏要。"楠楠的犟劲冒上来。"小祖宗，快回家吧。"王大爷连哄带拖把楠楠弄到房里。楠楠不高兴，小嘴撅得高高的。晚上，风停了。王大爷坐在沙发上喝酒，忽然听见"哗啦啦"的声音。咦，又起大风了。王大爷忙起身关窗户。怪呀，没有风吹进来！王大爷探头一瞧，原来楠楠握着一根长竹竿正在打树叶，嘴里还不停地说："叶儿，叶儿，快快落。"树叶已在楠楠的脚下铺得有一寸多厚。"小祖宗，你这是干啥！"王大爷扯着大嗓门喊，惊动了院里所有的居民。"你看这孩子，早上他要扫院子我没让，晚上就变法子害人。"王大爷向楠楠的爸妈抱怨。楠楠爸爸举起巴掌要打楠楠，楠楠妈妈

抢过楠楠手中的竹竿。奶奶见了，蹲下身子，和蔼地问楠楠："你把叶子打得满地都是，明天王大爷多难扫呀！""嗯，我想让树叶快快落下来，一次扫掉，明天王大爷就不会把腰弯疼了。"楠楠噙着泪水说。"哦，原来是这样。"院子里的人都张着大嘴。王大爷的嘴角也抽动了几下："都怪大爷不好。来！大爷和你一起扫！"

87. 镜子

在一次电视台的综艺节目中，主持人正在向嘉宾提问："电梯里常会有一面大镜子，这镜子是干什么用的呢？"

那些嘉宾纷纷回答："用来检查一下自己的仪表。"

"用来看看后面有没有跟进了不怀好意的人。"

"用来扩大视觉空间，增加透气感。"

经过一再启发而仍没得到正确答案，主持人终于说出了非常简

单的道理："肢残人摇着轮椅进来时，不必费神转身，就可以从镜子里看见楼层显示灯。"

嘉宾们都显得有点尴尬，其中一位抱怨说："我们怎能想到这一点呢？"

是呀，我们考虑问题时常常会海阔天空，但不幸的是，无论思路如何开阔，我们往往还是从自己出发的。

88. 我还要回来

美国著名主持人林克莱特一天采访一名小朋友，问他："你长大后想要当什么呀？"小朋友天真地回答："嗯，我要当飞机驾驶员！"林克莱特接着问："如果有一天，你的飞机飞到太平洋上空，所有引擎都熄火了，你会怎么办？"小朋友想了想："我会先告诉坐在飞机上的人绑好安全带，然后我挂上降落伞跳出去。"

当现场的观众笑得东倒西歪时，林克莱特继续注视着这孩子，想看看他是不是自作聪明的家伙。

没想到，孩子的两行热泪夺眶而出，这才使得林克莱特发觉这孩子的悲悯之情远非笔墨所能形容。

于是林克莱特问他："为什么要这么做？"孩子真诚地说："我要去拿燃料，我还要回来！我还要回来！"

刚才还笑得东倒西歪的观众，一下子都愣住了。

89. 大同学和小同学

最后一堂课是美术课，老师让同学们画大轮船。林林最喜欢画画，可今天却画了又擦，擦了又画，怎么也画不好。怎么搞的？林林心不定呀，说清楚一点，林林心里有点害怕呢。

刚才课间活动时间，林林和同学在一起玩。林林说："我们玩骑马吧。"可是谁也不愿意当"马"。朋朋年龄小，个子又矮，林林就说："朋朋你当马。"朋朋不肯，林林就抓住他，把他的头硬往下压。朋朋哭了："呜呜呜，你别跑，我叫我哥哥来揍你，呜呜呜……"他边哭边往五年级教室走去。后来，"当当当"上课铃响了。

你想：林林能不怕吗？朋朋的哥哥是大同学呀！林林想把这件事告诉老师，可自己理亏呀！老师要是知道了，肯定要批评自己，怎么办呢？

下课了，硬着头皮走吧。啊，不好！朋朋果真和一个高个子同学在校门口等呢。溜也来不及了，朋朋拉着那个大同学直朝他走了过来。

"你叫林林吧？"那个大同学问。

林林不吱声，他想：马上就要挨揍了。

"跟我来。"那个大同学发出了这样的命令。

林林像个俘虏一样，乖乖地跟着他们来到一间教室里。教室里的同学都走光了。那个大同学自己先坐了下来，然后对林林说："你坐下。"简直像个审判官。

林林想：他肯定是有意拖延时间，等老师都走了再动手。唉，林林后悔不该这么老老实实地跟着他们来，这下苦头是吃定了。

"林林，你说说今天这事谁不好？"那个大同学问。

"他就爱欺负小同学。"朋朋抢着说。

"谁让你说啦？"大同学把眼一瞪，朋朋不敢吱声了。乖乖，真厉害！

林林不敢赖了："是我，我不……不该欺负……朋朋……我……"

188

想不到，那个大同学高兴地说："好，能认错就好！"接着大同学又批评朋朋："你也有不对的地方，不该用哥哥来吓唬人。小朋友在一起，应该团结友爱，你说是不是，林林？"

林林难为情地点了点头。他想：以后，我再也不能欺负小同学了！

90. 一顶帽子

苏珊是个可爱的小女孩。可是，当她念一年级的时候，医生却发现她那小小的身体里面竟长了一个肿瘤，必须住院接受3个月的化学治疗。出院后，她显得更瘦小了，神情也不如往常那样活泼了。更可怕的是，原先她那一头美丽的金发，现在都快掉光了。虽然她那蓬勃的生命力和渴望生活的信念足以与死神——癌症一争高低，她的聪明和好学也足以补上被落下的功课。但是，每天顶着一颗光秃秃的脑袋到学校去上课，对于她这样一个六七岁的小女孩来说，无疑是件非常残酷的事情。

老师非常理解小苏珊的痛苦。在苏珊返校上课前，她热情而郑重地在班上宣布："从下星期一开始，我们要学习认识各种各样的帽子。所有的同学都要戴着自己最喜欢的帽子到学校来，越新奇越好！"

星期一到了，离开学校3个月的苏珊第一次回到她所熟悉的教室。但是，她站在教室门口却迟迟没有进去。她担心，她犹豫，因为她戴了一顶帽子。

可是，使她感到意外的是，她的每一个同学都戴着帽子。和他们的五花八门的帽子比起来，她的那顶帽子显得那样普普通通，几乎没有引起任何人的注意。一下子，她觉得自己和别人没有什么两

189

样了，没有什么东西可以妨碍她与伙伴们自如地见面了。她轻松地笑了，笑得那样甜，笑得那样美。

日子就这样一天天过去了。现在，苏珊常常忘了自己还戴着一顶帽子，而同学们呢？似乎也忘了。

91. 救人与自救

一场战争正打得激烈，上尉在阵地上指挥士兵们打退了敌人的一次次进攻。突然，阵地上响起了防敌空袭的警报。这时，一架敌机向阵地俯冲过来。上尉命令士兵们紧急就地卧倒。可是上尉并没有就地卧下。他发现四五米之外有一个小士兵仍然浑然不觉。他毫不犹豫，一个飞身鱼跃将小士兵扑倒，紧紧地压在自己的身下。

随着一声巨响，飞溅的泥土纷纷落在他俩身上，所幸的是安然无恙。

可是，等上尉回头一看，他顿时惊呆了：自己刚才所处的位置被炸弹炸成了一个大坑。

92. 呼唤爱心

有一幢灰暗陈旧的居民楼，由于年久失修，玻璃破碎，楼道黑暗，并且楼底垃圾成堆。

一天，一个小伙子来到这里，租下了底楼的一处房子。小伙子从来到这里的那一天起就整天乐呵呵的，他先是把门前的楼梯清扫干净，然后又把楼道的灯修好，系上一根拉绳，让进出楼道的人都能方便地开关。他还把整个楼道破碎的玻璃都一一换上。人们看到他如此大公无私，都感觉很难为情，不少人从家里拿来铁锹帮着他干起来，只用了一个上午的时间，整幢楼底下的垃圾便被清扫一空。

过了几天，小伙子居住的这个单元走廊的灯都渐次亮了，破损的窗户也都被人自觉地修好。人们也不再随随便便地扔垃圾了，而是很自觉地拎着垃圾袋投向垃圾箱。不仅如此，以前楼下的嘈杂声，楼上的狗叫声，孩子的哭闹声也少了许多，整幢楼仿佛变了一个世界。

另外，人们相遇时的目光也似乎和蔼了许多，邻里纠纷也绝了踪迹，整个社区处处洋溢着温馨与和睦。而所有这一切的改变，都来自于一个小伙子，来自于小伙子那颗爱心的呼唤。

93. 感恩之心

在美国，感恩节是个快乐的日子。

可在许多年以前，有一对年轻的夫妇却是以绝望的心情迎接它的到来的，因为他们太穷了，想都不敢想节日的"大餐"。看着心情糟透的父母大吵起来，儿子只能无助地站在旁边。正在这时，响起了敲门声。男孩看到门外站着一个满面笑容的男人，手里还提着一个大篮子，里头装满了各式各样过节用的东西。这家人一时都不知道究竟是怎么回事。

那人说："这份东西是别人让我送来的，他希望你们知道还有人在关怀和爱着你们。"看着这份陌生人送来的礼物，夫妇俩推辞着。可那人把篮子捆在男孩子的臂弯里就转身离开了，临走时还留下一句温暖的话语："祝感恩节快乐！"

感恩之心在男孩的心底油然而生，他暗暗发誓：日后也要以同样的方式去帮助别人。

18 岁那年，男孩终于可以养活自己了。虽然他的收入很少，可

在这年的感恩节，他还是花钱买了不少的食物，装作一个送货员，把这些食物送给了一个很穷的家庭。当他走进那个破落的房子时，前来开门的妇女警惕地盯着他。他对那位妇女说："我是受人之托来送货的，请你收下这些东西吧。"说着男孩从他那辆破车上取下了那些食物。孩子们高兴地欢呼了起来。"你是……上帝……派……来的使者！"那妇女语无伦次地说。男孩忙说："不，不，是一个朋友托我送的，祝你们快乐！"说完他把一张字条交给了这位妇女。字条上写着："我是你们的一位朋友，愿你们能过个快乐的节日，也希望你们知道有人在默默地爱着你们。今后如果你们有能力，请同样把这样的礼物送给其他需要帮助的人。"

这个年轻人怀着一个美好的心愿生活着、奋斗着，终于成为影响许多美国人心灵的大师，他的名字叫罗宾。

每个人在生活中，多多少少都得到过别人的帮助，接受过他人的恩惠，可我们是不是都用心记住了这些，并因此多了一份感恩之心呢？其实，如果我们能怀着感恩之心面对生活，那么即使处在最困厄的环境里，我们也能看到生命的绿洲，从而怀着更多的希望面对未来。感恩之心还是一颗美好的种子，假如我们不光懂得收藏，还懂得适时播种，那么我们就能给他人带来爱和希望，并因此挽救他们，或是改变他们的内心世界。

94. 第43号生

班长张小露在锡山市泰丰小学四（2）班花名册的第43号学号的位置上，庄重地写上了一个大大的名字：王大智。从此，四（2）班42名同学的集体中，多出了一名学生。

这是一名特殊的学生。

全班 42 名同学都是同一个年龄：*10 岁*；他：*16 岁*。

全班 42 名同学都不超过一个身高：*1 米 20*；他：*1 米 64*。

全班 42 名同学都聪明伶俐；他，严重弱智。

全班 42 名同学都有亲爱的爸爸妈妈；他，因弱智被父母抛弃。

全班 42 名同学都度过了近 4 年的学校生活；他，一直住在社会福利院。

42 强烈地关注着 *1*；尽管 *1* 根本不知道世界上有个 *42*。

于是，*42* 走近了 *1*，把 *1* 请进了 *42*。*42* 变成了 *43*。

一个寻常的星期五，却又是一个不寻常的星期五。

一清早，刘宁宁和郑小影打了一辆出租车，去接王大智来泰丰小学。

路上，王宁宁告诉王大智："今天，你上学了！"

王大智似懂非懂，歪着脖子，斜着眼睛，含糊不清地说出了一个对他来说是全新的词汇："上学。"

王大智被接进了四（2）班教室。他被安排在第一排正中的座位上。进门时，他听到了一阵热烈的掌声，看到了一片亲切的笑容。

周老师走上了讲台。她用甜美的声音说："王大智，今天请你和同学们一起上课，好吗？"

王大智望了望老师，笑了笑，像望着灿烂的太阳。

周老师说："王大智，请你说'上课'两个字，好吗？"

王大智又笑了笑，这回他笑出了声："呵呵，上课。"

他又听到了一阵热烈的掌声。他不由自主地回过头来，面对着 42 名同学，他又看到了一片亲切的笑容。

这堂课是数学课。

周老师在讲完了四则混合运算应用题后，专门为王大智讲了一道题。

周老师问：

"王大智，42 + l = ？"

王大智听不懂。他不懂 42 是多少，也不懂 1 是多少。他笑着看了看老师，又回过头笑着看了看全班同学。他答不出来。

周老师立刻说：

"王大智，你看，你面对的是 42 个同学，他们就是 42，你就是 1。42 加进一个 1，你想是多少？"

王大智高兴了，手舞足蹈起来，笑出了声：

"呵呵！呵呵！"

宋小雨站了起来，大声说：

"老师，让我告诉他吧。告诉他后，他会回答出来的！"

周老师点了点头。

"王大智，"宋小雨说，"你说，是'43'！"

王大智马上回过头来，望着老师大声说：

"43！"

周老师很激动，也大声说：

"你答对了。是 43！你就是咱们班的第 43 号学生！你答得好，我奖励你一面'小红旗'！"

王大智接过小红旗，高兴地举了起来，挥动着大喊起来：

"呵呵，43！"

他又听到了一阵掌声，掌声依然热烈。他回头面向大家，他又看到了一片笑容，但这次的笑容中闪动着许多泪花。

下午，班会开始了。

教室的黑板上写了一个大大的粉红色的字：家。

同学们今天坐的方式很特别：42 把椅子摆成了一个中国地图的轮廓，1 把椅子放在了锡山市的位置上。42 名同学面向内，坐成了

"中国地图"，"锡山"的椅子让王大智坐了。

周老师站在"中国地图"的当中，她意味深长地说：

"你们和我，和所有的中国人，组成了一个中国地图。中国——就是我们的国家！"

同学们都自豪起来，王大智也自豪起来。

周老师问大家：

"王大智坐的地方，是什么地方？"

邓丽丽回答：

"是我们的锡山市！"

"对，是我们的锡山市。"周老师说，"那么，锡山市是我们的什么呢？"大家都在想。

姚娟说：

"是我们的家乡！"

周老师有些激动了，她说：

"在我们可爱的家乡里有一个四（2）班。四（2）班里43名同学互助互爱，就像兄弟姐妹一样。这又应当叫什么呢？"

这次大家异口同声：

"叫'锡山大家庭'！"

周老师更加激动了：

"同学们，在我们美丽的国家里有我们可爱的家乡，在可爱的家乡里有我们温暖的大家庭。今天，我们的大家庭里又增添了一位新的成员，因此我们的大家庭便又增添了一份温暖。让我们的心紧紧地连在一起吧！我提议，大家手拉起手，一起高唱我们的班歌——《家，温暖的家》吧！"

歌儿唱起来了，手儿拉起来了，43名同学紧紧相拥在一起了，歌声和泪水交织在一起了……

班会的最后，班长张小露宣读了一项决定：

"从今天起，王大智是四（2）班第 43 号生。今后每周五接他来和大家一起过一天学生生活。"

王大智不寻常的人生开始了。

四（2）班同学不寻常的童年开始了。

95. 咬了一口的汉堡包

一个雨天的早晨，我把孩子们送到学校后顺便去了一家快餐店，点了早餐。几张桌子上都是没有收拾的纸杯、盒子和法式炸土豆条。

一位年轻妇女与一个五六岁的小男孩走过来，他们坐下来。点菜时又进来一个人，背微驼，寻找残羹剩饭。当他拿起一根法式炸土豆条放到嘴边时，小男孩对母亲窃窃私语道："妈，那人吃别人的东西！"

"他饿了，又没有钱。"母亲低声地回答。

"我们能给他买一个汉堡包吗？"

"我想他只吃别人吃过的东西。"

当女服务员递给母子俩两袋外卖食品时，男孩突然从他的口袋里拿出一只汉堡包，咬了一小口，然后跑到那人坐的地方，把它放在了他面前的桌子上。

这个乞丐很惊讶，感激地看着男孩转身、消失。